写作是一场快乐旅行

XIEZUO SHI YICHANG KUAILE LUXING

Xiezuobaodian
写作宝典

罗东勤 著

济南出版社

图书在版编目(CIP)数据

写作是一场快乐旅行 / 罗东勤著. —济南：济南

出版社，2015.11

ISBN 978 - 7 - 5488 - 1897 - 7

Ⅰ.①写… Ⅱ.①罗… Ⅲ.①作文课 – 中小学 – 教学

参考资料 Ⅳ.①G634.343

中国版本图书馆 CIP 数据核字(2015)第 268809 号

责任编辑 李圣红 袁 满
装帧设计 侯文英 张 倩

出版发行 济南出版社
地　址 济南市二环南路 1 号(250002)
网　址 www.jnpub.com
发行热线 0531 – 86131730
印　刷 三河市同力彩印有限公司
版　次 2015 年 11 月第 1 版
印　次 2023 年 12 月第 2 次印刷
成品尺寸 170mm × 240mm　1/16
印　张 11.25
字　数 180 千
定　价 32.00 元

序

万福成

受《中学时代》杂志主编刘元锋之邀,让我给罗东勤老师的新作写个序言,我诚惶诚恐,不敢接受。待见了书的作者聊起来后,才战战兢兢地应下了。

一口气读完了罗东勤写的第一本散文集《女人岁月》,接着读了《写作是一场快乐旅行》的清样稿,感触颇深。

罗东勤在快乐地旅行。

罗东勤在学校里教学,平时工作很忙,但她在繁忙的工作之余笔耕不辍,且乐此不疲。我可以想象她写作时的状态:

摆设:一张书桌,一台电脑,一把可以旋转的座椅,外加一杯清茶或者咖啡。

行为:优雅地盯着屏幕,沉思,伴随键盘敲击的声音。

状态:心无旁骛,忘记周围,沉浸在写作的自由世界里。

结果:如汩汩滔滔、淙淙流泻而出的泉水一样,作品从散文集《女人岁月》到《写作是一场快乐旅行》,洋洋洒洒,下笔如有神。

她把自己平时对身边人的观察、对生活的体验和思考以及阅读的感受及时诉诸笔端,形成文字。她已经把写作当作生命的一个极其重要的组成部分,这种十几年来对写作执着一念、始终不渝的态度让我肃然起敬。

散文的美,首先应该美在真上。

与阅读《女人岁月》不同,《写作是一场快乐旅行》给我的第一感受是:散文创作的真。一是文章写的都是身边熟悉的人和事。人物的一言一行,一举一动,都在作者的笔下自然而又真实地生活着、存在着。作者并没有刻意要去塑造谁、描写谁,而是让生活中的这些有血有肉的活生生的人走到前台,来展示自己,这就是所谓的本色出演吧。即使写叙事类的文章,也尽量做到还原事件本身,不去粉饰,让读者感觉这就是生活的原貌。罗东勤散文的魅力,就在于写实,在于处处自然,不事造作,人地相当。孙犁有一句话说得好:"作家永远是现实生活真善美的卫道士。"罗东勤在自觉或不自觉地践行这一至理名言。二是情感表达的真。我们明显地看到,作者把自己已经沉淀下来的、平淡而又真挚的感情融进了对人物或者事件的叙述当中,娓娓道来,不做惊人语,不拔高,不矫情,不起起伏伏,一切都渗透在对所叙写的人物或事件的表达中,透彻肺腑,感人至深。这一点在那些如《老家的牵挂》《母亲与花儿》《报得三春晖》等真情类作品中表现得尤为突出。三是在写作风格上自自然然,平平淡淡。如果说罗东勤第一本散文集的某些作品还流露出一些过于讲究构思的痕迹的话,那么到了这第二本散文集就让人明显感觉到,经过岁月的沉淀、思想的升华,作者驾驭散文写作的能力已经到了游刃有余的程度,写起文章来也如行云流水,清新自然,体现了不藻饰、不虚构、不夸张的写作风格。

这本书还有一个突出特点,那就是在每一篇文章之后作者都很用心地写上几百字的"写作小记"。或是谈一谈写作的背景,或是聊一聊写作的感受,或是现身说法,说一说本文写作上的特点。这个"写作小记"既是作者对文章内容的梳理,更是作者对自己写作的反思。而对于正处在写作困难期的中学生朋友来说,这个文后"小记"也无疑具有重要的借鉴价值,它会告诉你怎样写作,告诉你一个不要秘诀的秘诀。

这是一本写给成人的书,更是一本送给广大中学生朋友的书。

人生就是一次旅行,而阅读本书更是一次短暂的快乐的旅行——越贴近,越震撼。

(万福成,济南市教育教学研究院中学语文教研员,著有《语文教学系统论》《语文教育美学论》等)

目 录

第一辑　触摸亲情

幸福的小院

暑假,我回到老家。一进家门,就被满院子的鲜花儿吸引住了。

母亲迎出来的时候,我顺嘴调侃了一句:"满院子都是花,就是没一棵值钱的。"母亲却乐呵呵地回应我:"管它值钱不值钱,好看就行呗。"说着,便走到西墙根,顺手摘了一根带刺的黄瓜。我这才发现,院子里不光有花儿,还有菜椒和黄瓜呢。

老家的院子不大,正屋只有三间。但母亲收拾得很干净,她把人力压水井改成了电动抽水机,把占去半个院子的兔栏拆除了,还用拆下的水泥板铺了地面。那两棵有些年月的老葡萄树,在父亲去世后的第二年枯死了,现在早已被连根拔走不知去向。

母亲不再养长毛兔,也不用再替父亲打理葡萄架了。闲下来的她,百无聊赖,感觉院子空得她难受,就像父亲一走她的生活突然没了方向一样。待母亲终于想开,已是父亲过世三四年之后。那时候为了增加喜气相,母亲开始在院子里养花,还在门口的院墙根垒起一垄半米宽的袖珍菜园。每到夏天,院墙上就会爬满丝瓜、南瓜、枸杞和山药豆之类的藤蔓,远远看去就像一堵绿色的围墙。

母亲起床后的首要工作就是浇花、浇菜,那些小花和小菜就成了母亲消除寂寞的伙伴,也成了母亲前街后巷、左邻右舍相互往来的媒介。母亲爱把她精心培植出的花花草草送给街坊邻居,当然,街坊邻居也会把他们的稀罕花草回送给母亲。慢慢地,小院就丰富起来,从初春到秋末,总有应季的花儿开着,这不光成了小院的风景,也成了母亲的骄傲。我每每回家,总喜欢搬了小凳,陪母亲在满是花草的院子里聊家常,感觉极好!

那天,天气闷热而潮湿,身上又粘又燥,难受得很。傍晚时分,母亲不声不响地烧了一大锅热水,兑到澡盆里,关紧大门后,她把我和孩子叫到院中。"你俩谁先洗澡?"母亲问。"现在? 就在这?"孩子的嘴巴张成了"O"型。"是呀!泡泡澡凉快,也舒服,比吹空调吹风扇啥的都好,再说衣服粘在身上多难受啊,用太阳能冲澡也没这样泡一泡舒坦。"母亲在一边极力推荐。

孩子不肯洗,我也有些勉强,但最后还是没好意思辜负老妈的一番好意。那个晚上,40 多岁的我,在母亲的服侍下,像小孩子一样脱衣泡进了澡盆。

乡村的夜晚比城里来得早,也格外寂静,月亮还没有升上来,只有几颗星星挂在黛色的苍穹上。花儿安静地看着我们,小夜虫不停地在耳边唱着……母亲的说话声又轻又柔,我猜想,她是怕扰了左邻右舍的好梦吧,乡下人起得早也睡得早。

夜,那么静谧,又那么温馨。

母亲搬了小凳坐在澡盆旁,一边往我背上撩水,一边跟我细声慢语地聊着村子里新近发生的那些事。

屋门轻轻响了一声,女儿不知何时来到院中,她悄悄伏在我的耳旁,说她也想泡澡,想让我像姥姥一样,也给她搓背帮她洗。

这妮子,一定是从屋里看到了母亲帮我洗澡时的情景。

那天,已高我半头的女儿,很乖地躺在澡盆里,坐在旁边的我,像母亲给我洗澡时一样,一边往女儿背上撩水,一边轻声地跟女儿讲着我小时候的故事。

天色渐渐亮起来,那几颗稀疏的星星又多了一些同伴,我想月亮也应该快出来了吧。巷子里不知谁家的小狗叫了两声,把一个温馨的夏夜送到了这个寻常而幸福的人家。

(发表于《济南日报》2013 年 9 月 9 日)

写作小记

母亲老了,越来越需要儿女的陪伴,可母亲不习惯城里的生活,更喜欢住在乡下。在城里工作的孩子,只能周末或逢年过节来看她。我从事教育工作,每年的寒暑假有很长时间陪她,所以每逢假日来临,母亲总是盼我早点回去。

与母亲相处得多了,就会有一些难忘的细节。这几年,我越来越喜欢把这些细节还原成文字,等下一次见面时,我会把变成铅字的文章作为礼物带给母亲,母亲就会开心很长时间。这大概就是我喜欢写作的根源了吧。

本文借小院之景写亲情之暖,普通的小院因为有了母亲的呵护而显得与众不同,尤其是借助洗澡这一事件,辅以生动的环境描写,来突出小院的温馨与母爱的温暖。语言朴实、自然,感情真挚,令人读之动容。

对于写文章,我始终坚信"生活是写作的源泉"。只要你热爱生活,平时多用心观察,那些你极想表达的情感就会像山泉一样从记忆里喷涌而出,欢快地跳跃到你的笔端。

小 巷

老家门前有条小巷,小巷约有 500 米长,我家住在小巷的最东头,它陪伴了我的整个童年和少年时光,一直到我长大后离开故乡。

几十年过去了,我由小巷的主人变成了小巷的客。如今连常客的标签也换成了短客。但尽管如此,我对小巷特有的感情却越来越深,越来越浓。

小巷在房前屋后之间。屋后墙壁,几经变化,已由土打墙变成了红砖水泥墙,茅草屋变成了灰瓦房;房前的门楼,几经沧桑,也由简易门变成了高高的门楼。住在小巷里的大爷大娘白了头弯了腰,连当年最爱捣蛋的男孩狗蛋、见人就害羞的二妮也都当了爹和妈。而小巷,还是那悠悠长长的模样。

唯一不同的,是巷子里的树没了,屋后多了条排水沟;堆柴草的地方变成了菜园和花坛。小巷看上去漂亮多了,轮廓却还是那个样儿,没有变宽,也不曾变窄。房前的看家狗换了一拨又一拨,我每次回老家,它们都跟我吹胡子瞪眼。

只要回老家,我总爱站在巷子口往尽头痴痴地望,望着望着,思绪就像涨潮的海水,一波又一波接连不断地涌上心头。

7 岁时,姐姐常去村头的水井挑水,每次走到小巷口,她总要放下挑子歇一会儿,捎带着看看巷子口那个五保户奶奶家的缸里有没有水,小小年纪的她主动承担了五保户奶奶家一年到头的用水任务。

巷子的西头曾有一所巴掌大的学校,学校只有一个年级一个班,到现在我也没明白,为何独独设这样一个分校在这里,又为何只收一个班级。我就在这巴掌大的学校里读完了小学,过完了童年。那时候,教我们的老师一年换一个,换来换去我只记住了五年级的王老师。王老师教我们所有的科目,那时候他刚刚高中毕业,回村就当了民办教师。我们都很喜欢他,文化课上累了的时候,他会跟我们一起做游戏,教我们唱一些流行歌曲。

我家姊妹众多,父亲在外地工作,母亲跟着生产队干活,我们只好大孩看小孩,来完成自己的学业。我是一边看着小弟一边上完小学的,因为姐姐上学的地方远,而我上学的地方离家最近,带小弟的任务自然就是我的了。上课时,我把小弟放在校园外的小巷子里玩,下课后就赶紧顺着巷子跑回家,拿吃的喝的哄小弟,好让他安静地玩耍,不影响我听课。

那时候,学习环境很简陋,最初连纸张和铅笔都没有,我们就用石板和石笔写字,趴在一块块用水泥板支起的课桌上,认真地听老师讲课。每次总校的领导来检查卫生,我们都会把校园打扫得干干净净,连门前的小巷都扫得光滑、清洁。

如今小巷依旧,而那所巴掌大的校园却早已成了别人家的住宅。

悠悠小巷,留下了太多童年与少年的记忆,也承载了太多青年与中年的魂牵梦萦。小巷很寻常,但小巷也有记忆,它记下了我成长中的很多故事,还有我生活过的家园,有我坚守"老根据地"的白发母亲。

小巷悠悠,常入我梦中,更在我心中。

(发表于《济南日报》2013 年 10 月 28 日)

写作小记

童年,总有一些纯真的记忆难以抹去,它美好,生动,感性:一起玩过的游戏,一起听过的童话,一起挨过的惩罚。连那条相伴过童年、少年与青年的小巷都成了中年以后最难释怀的风景。

我家门前的那条小巷就是这样,长长的巷子口,母亲从年轻守望到年老。而今随着年龄的增长,每回一次老家,就多一层情感的眷念,小巷留给我的是越来越深的怀念。

文章没有过多华丽的辞藻,没有曲折跌宕的情节,只是用真情书写了一段乡情与乡愁。写文章选好角度非常关键,角度选好后,用诚挚的情感表达出内心的真实感受即可。写作就是这样,情感到了,文字也就成章了。

老家的牵挂

妈执意要回老家过自己的日子。说那样的日子清心、自由,儿女家的楼房再宽敞也不如老家的三间旧房住得舒爽。妈既然这样说了,又决意要回,儿女们也就不好再说什么,归心似箭的她这时候只怕是山珍海味也未必吃得如意。

弟弟们就把老妈送回了老家。

平时不怎么回老家的我们又开始来回奔波,老妈在老家,老家就成了我们的牵挂。

习惯了城市生活的我们,再回到生活了几十年的老家,万千滋味涌上心头。门楼依旧,只是平添了许多岁月的苍痕;大门的黑漆已经褪色,依稀可辨的对联早已模糊;小院依旧,只是那棵老葡萄树已经从视野搬进记忆,枝枝蔓蔓缠络在脑海,莫说枯枝,而今连根都已拔起,再也不会看见葡萄架下那个精心修剪的熟悉背影;还有那口老机井,那只旧木盆,那对补过裂缝的暗红色塑料桶……一切都在,一切还都留着老爸的印记,包括墙上挂红辣椒和玉米棒子的木楔子,这都是当初老爸的杰作;还有那纱门,那纱窗,那一桌一凳,依然那么亲切,亲切得一恍惚就能看见老爸熟悉的笑容和忙碌的背影;那幅中堂画卷的下面,依然整齐地摆放着他生前订阅的《老干部之家》和他闲来无事练过毛笔字的旧报纸。

老爸走了五六个年头了,可家中的摆设还是老样子,连那炕头上已经旧模残生的年画都不曾替换……

老妈愿意回到老家,守在仍然留有老爸气息的地方,也许这样她才会踏实,孤寂的心灵才感到慰藉。我们并非不懂老妈执意回家的心情,她在思念,思念她与老爸的点点滴滴和曾经相守的年年岁岁。

家里明明有现成的煤气灶和电磁炉,老妈却执意不用,她愿意点着秫秸拉着风箱用大锅烧水做饭,哪怕只有她一个人吃饭。我知道母亲是在重温那些难忘的岁月,重温一大家子热热闹闹的生活。我也曾坐在灶前重复着小时候常干的活儿,一边干着活儿,一边回想着小时候的我们常常为谁拉风箱,谁抱柴火,谁掏锅底灰吵个不休。

仅仅二三十年的光阴,却已物是人非,连我们的孩子也到了当初我们那般的年纪。只是城市里长大的他们,无论如何也体会不到父母对老家的那份眷恋和那份牵挂。

老家成了老妈的牵挂,老妈成了儿女们的牵挂,来来去去,只为珍惜今日老妈所爱的一切和当日我们所爱的一切。

乡村的夜晚不像城里那般燥热,暑假里和老妈在一起的那些日子,总是那样难忘。每每饭后,搬两把小椅子与老妈坐到院中,她说我听,我说她听,日子就这么暖暖地,一天又一天地过去,直到我们准备离开……

要走的那天,老妈说:"上车吧,我没事。不用天天挂着我。"说话间,语气已有些哽咽。

妈老了,感情也变得有些脆弱,她在哪里,哪里就有我们的思念。老妈离不开老家,老家就成了我们心头的第一牵挂。

(2013年首发《华夏孝文化》,再修改后发《济南日报》2014年12月29日)

写作小记

母亲至今一个人住乡下,日子过得平静而充实,用她的话说:"哪儿也没自己的'老窝'住得舒服。"母亲不肯住城里,我们做儿女的自然也不能强求,只要她高兴,我们就依着她。我们轮换着回乡下老家看她,弟弟们更是隔三差五就回家一趟。我离老家远一些,只能利用寒暑假时间回去陪她,平时通过电话联系。说实话,乡下的生活并不怎么方便,我们总放心不下母亲,毕竟她年事已高,视力和听力都有些障碍,腿脚也不如以前那么利索。我们念母亲,母亲恋老家,老家就成了我们的牵挂。

此文以"牵挂"为线索,写出了母亲对父亲的思念和儿女对母亲的挂念,文章以情动人,朴素中见真情。文章依托"老家"这一背景,步步展开,于字里行间流露出浓浓的亲情,令读者动容。

母亲与花儿

一年没回老家,老家变了大模样,大街小巷变成了水泥路,又宽敞又干净,还安装了路灯,村里又盖了两座新居民楼,好多年轻人都搬到了楼上……迎着街坊邻里热情的招呼,我走进胡同口那座熟悉的门楼。

轻轻地推开大门,满院子的花儿呼啦啦扑进视野,犹如芝麻开门,别有洞天。我又惊又喜，不禁呼出声来："老妈太伟大了。"

朝屋里喊一声，竟没有应答，我一时忘记母亲的耳朵已经很背。

轻手轻脚走进堂屋，母亲果然在家，正专心致志地忙着她手中的活儿。看到我，先惊喜后埋怨，嫌我不提早告诉她一声。

沏茶倒水，嘘寒问暖，母亲起来又坐下，高兴得不知怎么是好，索性坐在那里盯着我。问孩子，问大人，问工作，问一路的辛苦……我都一一简答。然后指着门外，问她怎么种了这么多的花？母亲平静地说哪年都种，就是今年多种了些！没想到母亲越老越爱侍弄花草了。

午饭很简单，我没让母亲准备过多，豆角、丝瓜、苦瓜、菜椒，全是家里现成的，连鸡蛋也是刚从鸡窝里掏出的。母亲屋里屋外，不停地出出进进，常年叫疼的老寒腿这时候也迈得格外起劲。最有意思的是家里那只怀孕的瘸腿老猫，总跟在母亲身边撒娇，吃了、喝了，还是不住地叫唤。母亲烦了，跺跺脚，吼它两句，那老猫也知道要脸儿，讪讪地蹭到一边，只一会儿，又在母亲脚边"喵喵"地叫起来。平时，都是老猫陪着老妈，老妈陪着老猫，这会子，猫看到我来了，想必是觉得自己受了冷落，才不停地跟在母亲身后叫唤吧。我听到母亲对着老猫又吼了一声："就知道人来疯！"老猫"喵"了一声，很不情愿地躲到一边去了。看着老猫委屈的样子，我心里直想笑。

我家门前的小巷并不很宽，自从前邻的杨树和我家的榆树都被伐掉后，小巷比以前宽了不少。为了不显单调，邻居们都在自家门前种了些花花草草，有的栽了些爬墙的瓜藤，母亲则垒起二尺宽的小菜园，里面种了两畦韭菜、两垄大葱，靠墙处还种了丝瓜和南瓜。瓜蔓顺着墙角爬到小南屋上，又蔓延到门楼上面，现在正是疯长的时候，丝瓜花和南瓜花开满了墙头，母亲隔三差五地踩着梯子去采摘长大的丝瓜和南瓜，吃不了就送给邻里。那天早上，我陪母亲爬上小南屋，多年不爬梯子的我，腿脚还不如70多岁的母亲利索。站在小房顶上，看着母亲如诗如画的小院，我感慨万千。

母亲要浇花了，这是她每天的必修课。母亲先把筲里盛满水，再提到花丛旁，然后一勺一勺地浇到花盆里。

其实母亲养的花都是不值钱的草花，有些我叫得上名字，有些我叫不上名字。母亲一边浇水，一边给我介绍她的宝贝：一串红、鸡冠花、步步高、玻璃海棠，还有月季花、石榴花、马苋菜花……数量最多的那些花儿是我不认识的四季梅和开不够，母亲说的这两个花名，我都很生疏。她说开不够最好养活，只要有土，随便拔一棵，插到土里就能活，适应两天就能长花苞，花开得快，花期还长，只要冬天不很冷，这花儿照样能开，又好看又泼辣。我听着，觉得"开不够"这名字起得还真是合情理呢。

靠南墙有两簇类如满天星的小花，花头细碎，又多又密，橘黄和桃红两种颜色搭配得挺带劲，有几只小蜜蜂在花头儿上不停地飞来飞去，一只不起眼的小蝴蝶也赶过来凑热闹，为小院平添了许多情趣。

母亲浇到最后那棵开得最没章法，又最热烈的花前说："这棵花的名字才有意思哪，这可是上次妞妞来家时起的名字。"妞妞是我小侄女，刚满5岁。是个典型的小话唠子，也是个小人精。上次小侄女跟她爸爸回老家，一进门就扑进我母亲怀里，奶奶长奶奶短的，亲个没够，还把小嘴伏在我母亲耳边说："等我长大了要好好挣钱，买个大房子把你接到城里住。"又回头给她妈妈和爸爸下命令："今天的饭就由你们俩做了，奶奶年龄大了，不能光干活，我要陪着奶奶玩！"小丫头哄得我母亲泪眼婆娑，抱着她亲了又亲。

就是那天，小妞妞拉着我母亲的手，问起这花的名字来，母亲便告诉她："别的花都有名，就这花没名。"小家伙忽闪着一对大眼睛，跟母亲说："人都有名字，花也得有名字，就叫幸福花吧！"母亲绘声绘色地跟我描述着当时的情景，鼻子眼里都漾着幸福的笑容。以后每当有人问起那花的名字，母亲就会立马说出"幸福花"来。

盛开的幸福花照亮了母亲幸福的晚年。

（发表于《联合日报》2014 年 10 月 16 日）

写作小记

近几年，母亲痴于养花，每年暑假回家，总能看到满院子的红花绿叶。晚年的母亲，过不惯城里的生活，总喜欢一个人待在乡下，侍弄花草给她带来极大的乐趣。

我曾仔细留意过母亲对花的感情，觉得她对那些花儿所倾注的心血与深情，并不是一个普通爱好者的情怀，而是她晚年生活的一种精神寄托。早上醒来，母亲的第一项工作就是先给花儿浇水，风天雨季，母亲首先呵护的就是那些花儿。母亲与她的花园深深地打动着我，看着满院子的姹紫嫣红，看着养花人满面的笑意，我除了感动，便是感慨！

本文借院子里的鲜花写母亲的晚年生活，画面感很强，优美的文字不仅写出了母亲对养花越来越痴迷，也从侧面表达出母亲晚年的孤独。因儿女不能陪伴身边,老人只能跟老猫与院中的花儿为伴。文章语言细腻,重点突出老猫的可爱与花儿的美丽。

让文章"言之有物",那就从描写实景和抒发真情入手。其中,从生活中发现、感知和捕捉写作素材是写作的重要一环,此文就是如此形成的。

报得三春晖

前年八月我搬到新房,望着宽敞亮堂的新居,一直就琢磨着让母亲也来住些日子。直到去年五一,我才回老家把她接到济南,只想在母亲有生之年尽些孝心,让她也能舒服一段时间。可是一个多月过去了,直到母亲说她该回家了,我才突然感觉自己最初的想法并没兑现多少。

母亲来我家后真正舒坦的其实是我自己。一日三餐,洗涮浆补,母亲全包了。不等我伸手,母亲就抢着说:"忙你的吧,这点活儿我一个人就做了。"开始我还帮一小把儿,常了就真当甩手掌柜。忘记了母亲因骨质增生而严重变形的腿脚,也忘记了母亲长年腰酸背痛的旧疾和她那双时时涨麻的粗糙老手。

母亲来我家的第二天,就开始忙活了。她走进厨房,先熟悉油盐酱醋的位置,又找到婆婆常用的针线笸箩。

从那,家里的饭菜基本上就是母亲做了。不到几天,被褥也全被母亲拆洗完了,还说要把厚被改一改,现在不兴这种大被子了。我说正想去买几床轻快舒服的空调被,母亲阻止我,说她会解决这个问题。

一个阴雨天,我和朋友有约,没能及时赶回家。孩子打电话给我,说她放学回家后,姥姥没做好饭,为了赶时间,她只好饿着肚子参加音乐会了。

我一急,就把电话打到了家里。还没等我张口,母亲就愧疚地说:"下午忘记做饭的事了,孩子放学来家我才想起,急得爷儿俩没吃饭就走了。"

我嘴上安慰母亲,心里还是有些埋怨她不该忘记做饭。便又打电话给老公,问他孩子吃饭没有,语气里略微带出了一点对母亲没准备好晚饭的不满。

老公说:"妈下午连着做了两床被子,腰都累得直不起来了,你还抱怨她!孩子在哪吃不了饭?"

我一怔,耳边传来老公挂断电话的嘟嘟声。

一阵愧意涌上我的心头,我辞别朋友,匆匆赶到家里。

见我回来，母亲赶紧起身给我盛饭。我告诉她，已经在外吃过了。母亲便坐下吃自己的。我坐到母亲跟前，想陪她说说话，却看见饭桌上全是剩饭、剩菜，我鼻子一酸："妈，你怎么不再炒点菜？"

"炒好了，在锅里热着呢。我把这些剩的吃掉，等他爷俩回来吃新做的就行了！"母亲边说边把放了好几天的馒头往饭碗里泡着。

感觉有泪已从我眼中落下。

不顾母亲的反对，我起身默默地倒掉了盘里的剩菜……

母亲在我家住到近一个月了，还总搞错方向，把东说成西，把南说成北。刚来的第二天，我带她在小区里转了一遭，此后再没陪她出来过。

每次把家中的钥匙给她留下，她总说自己不愿意出去，喜欢在家待着。现在想想，一定是母亲害怕自己走迷糊了找不到家，怕我着急。

母亲来的这段日子正是我最忙的时候，常常忙到很晚才睡觉。母亲便悄悄地起来，不是给我倒水，就是给我递水果，有时候还会在我身后站很长时间。我嫌她打扰我思路，很不愿意她进书房来。母亲就默默地放下一杯热水，再轻手轻脚地退出去。偶尔我的耳边还会听到她沉沉的叹息。我知道这是母亲心疼我。

金牛公园离我家不远，母亲却从没去过。我说带她去看看，母亲就说："电视上都见过，去不去的呗，等下次来的时候再说。"我明白母亲是看我太忙，不想再给我添麻烦。我带她去检查身体，她也总不配合大夫，建议她做检查，她就说自己没大毛病，开点药吃吃就行了。我心里清楚，这是她怕我多花钱。

母亲本不打算在我家住这么长时间，因为期间是父亲去世三周年祭日，她说好了要我陪她一起回家上坟的。可是因为我临时有重要的外出任务，母亲便毅然留了下来，帮我照顾孩子和家，还说："你爸都是已死的人了，心里装着他就行了，还是照顾孩子要紧！"

回来的那些天，我遇到一点小挫折，心情低落，总是不能自抑地抹眼泪。尽管都是背着家人自个儿发泄，但还是被细心的母亲发现了。一向不愿意出来活动的她，总是主动拉着我出去散步，说一些她的故事。无非是告诉我，她那时是如何的不容易。我心里明白，这也是母亲在借故开导我。

这两年，母亲去哪个儿女家也住不长久，因为她习惯了老家的生活，在我家住一个多月算是较长的了。母亲没活儿做的时候，就看《读者》或者《都市女报》，她很喜欢一些家长里短的亲情类小文章，也喜欢看我写的小文。看到我写她的故事，总是一脸的开心，甚至还给我提意见，哪里写得好，哪里写得不好。

母亲看书看累的时候，就纳鞋垫，这是她随身带来的针线活儿，母亲边纳边听着小收音机，有时候还把听来的故事和道理转述给我和孩子听。

日子就这样一天天地过去了。

因为小弟媳妇要生孩子，母亲天天算着时间，时间越近，她回家的心情就越迫切。离预产期还有半个多月，她就撑不住了。

母亲回老家的那天，把我家的卫生又彻底清扫了一遍，什么东西都归落得井井有条。她把孩子拉到怀里，悄悄地嘱咐了好多话，让孩子多体谅我，尽量不让当妈妈的我多操心，声音虽小，我却全听到耳朵里。

送母亲去火车站时，她又嘱咐了我许多，要我对婆婆好一点，说我对婆婆好了，孩子的爸爸就会对我好，这样她也会放心一些。母亲还总结为"两好才能合一好"。

"谁言寸草心，报得三春晖。"我常常想，怎么样才能报答母亲的深恩呢？

（发表于《济南日报》2011 年 3 月 8 日）

写作小记

母亲晕车，不爱出远门，所以到我家的次数有限。我搬到新居后，她主动提出想到我家看看。那天，母亲走进我的新家，高兴得像个孩子。我知道母亲的想法。以前我一直跟婆婆住在一起，母亲怕给我带来不便，十几年来，只到过我家一次，还是匆匆来又匆匆走的。这次我终于有了自己的家，母亲也觉得方便了不少，所以才在我家多住了些日子。与母亲在一起的日子，我仿佛回到了从前。母亲走后，我失落了好几天。感慨之余写成这篇文章，并于"三八"妇女节这天发到了《济南日报》副刊上。母亲看后非常珍惜，报纸至今收藏在她的枕边。

本文感情真挚，语言细腻，写的虽是生活中的小细节，却句句打动人心。

法国雕塑家罗丹说："生活中不是缺少美，而是缺少发现，生活中处处存在动人之处。"对写作者而言，只要用心、有心、留心，作文素材俯首可拾，它们就在你的身边。只要用心观察、勤于思考，"腹中空空，无话可说"的局面就会彻底改变。

老妈空巢不空心

老妈说她最开心的事,莫过于远在外地的儿女突然回家来看她,那惊喜,比捡到大元宝还开心;老妈说她最受不了的,是儿女们来看过她后又呼啦啦离去的情景,那冷清,比蹲禁闭还难受,特别是在春节过后。

想想也是。眼看热热闹闹的一大家人,过了初五就匆匆离开:先是闺女们一家一家地走了,而后是儿子们一家一家地打道回府。送到小儿子一家,老妈的眼泪都要涌出来了,她可怜巴巴地搂着低头玩游戏的小孙子:"他们都赶回去上班,你还不开学,就在家陪奶奶多过两天。"眼睛和手都紧忙的小孙子,耳朵跟嘴巴却闲着,赶紧接上奶奶的话茬:"不!我明天也要去画画!"

老妈立刻哑语,那个失落呀……那年,小弟说起春节后老妈的冷清心境时,我们也充满了歉疚与无奈,可每年的正月初五或初六一过,老妈还得独守空巢。

从去年开始,老妈学会了自我调节,她积极响应儿子们的号召,跟儿女们一起在县城热热闹闹地过完春节。等大家走后,老妈也收拾自己的行李执意回到自己的小院。

我们之前曾再三动员她在县城多过些日子,可老妈却说:"我可不当看门的了,你们上班的上班,学习的学习,家里就我一个闲人,天天除了看电视就是接电话,还不如回俺自己的家。"

就这样,老妈坚持回老家去了。她一进家门,消息就像长了翅膀,迅速传到街坊邻里那里,平时与老妈关系较好的婶子、大娘,还有一些晚辈,陆陆续续赶到老妈的小院,一会儿一拨,都来给老妈拜晚年了。农村人不像城里人那么忙碌。在农村只要不进二月门,整个正月都是年,走亲访友可持续到正月二十。这期间你来我往,家里几乎不断客人,他们天天在一块都有说不完的话,远比老妈留在城里一个人对着电视开心。

老妈自得其乐,我们也跟着省心不少。我回到省城后的第三天,打电话问老妈回家后的情形,电话里一片喧哗声,隐约还有唱歌的,听上去和在戏园子一样吵闹。说不了两三句话,老妈就匆匆挂了电话。后来才知道,这是老妈与一帮老太太正在我家的小院里学跳广场舞。老家人也知道给自己寻乐子,锻炼身体了。

老妈空巢不空心,再也感受不到儿女走后的冷清了。

(发表于《铜陵日报》2013 年 2 月 27 日)

写作小记

从天堂到地狱——母亲的心情我完全理解。一到逢年过节,儿女们就扎堆来了,热热闹闹的就那几天。几天后,又一股脑儿全走光了。这几年,我家的春节搬到了城里弟弟家过,母亲在哪个弟弟家过年,我们就集中到哪个弟弟家。过完春节,远道的走了,近道的也走了。母亲也趁机收拾包裹回到老家。起初我们都希望她过完正月十五再回,但母亲却一再坚持,我们也就依着她了。

这些年社会越来越关注老年人的空巢问题,做儿女的也不是不想多陪陪父母,有时候也确实身不由己,毕竟儿女都有工作压着,而且还有未成年的子女需要照顾。母亲以前会一直安心地待到正月十五以后,哪怕再无聊再憋屈也都忍耐着,可现在老太太想开了。把一个春节分成了两段来过,这样一来,虽然空巢,却不会空心。

这篇文章也从另一个角度鼓励那些子女不在身边的老年人,希望他们尽可能寻找自己的快乐方式,把生活的主动权转交到自己手里,这样既能让儿女安心,老人自己也开心。

老人的空巢问题我关注了很久,结合母亲的体会做真实的反映,写起来也容易得多,既是热点问题,又有针对性,所以稿子一发出很快就被编辑采用了。

由此看来,写文章不光要言之有物,还要多留心一些人们普遍关注的社会问题,真正写到人们的心坎里才可引起共鸣。

妈的心事

年近了,妈却添了心事——这个年怎么过呢?

老太太心里直犯嘀咕:自己一个人还能凑合,孩子们要回来过年可就成难题了,家里少这没那的,又没城里那样的暖气。亲生的孩子倒没什么,从小把他们拉扯大,不会嫌弃啥,可媳妇和女婿,还有孙子辈们可适应不了,尤其是那最小的,才一岁半哪!

这个年,不能让他们回来过,还是自己去城里跟他们过吧。毕竟孩子们都适应了城市生活,暖暖的,买菜都不用赶集,出门就是超市,方便着哪!

可不知为什么，老太太对这种城市生活就是不习惯，一点儿都不愿意住在鸽子窝一样的楼房里，跟被关禁闭一样，厨房、餐厅、卧室，再到客厅、卫生间，就那么几个固定的地方，喘口气都不顺畅。哪像在自己家，饭碗一推，就可以到院子里走走，这屋那屋地转转，晾晾衣服，扫扫地，给小狗、小猫添添饭食，给鸡们撒上把米，不想动弹就搬个马扎靠着西墙晒晒太阳，看着那些打游击的小家雀们乐颠颠地到鸡栏里抢米……妈觉得这些比在孩子的客厅里看电视还舒坦。高兴了，还可以隔墙喊上东邻西舍的老伙伴来拉点家长里短，或者来了兴致还可摸上两把扑克牌。

妈这想法和做法，在平时是可以的，可一到逢年过节就行不通了。中国的老传统，过年过节儿女都奔着爹娘家跑，爹娘在哪儿，儿女就要到哪儿。老太太这次打定主意，她要去城里儿子们家过年了。可到儿子家过年是不是也要带点什么呀？总不能光捎一张嘴吧！儿子好说，那媳妇会怎么想呢？

准备点什么好呢？老太太一眝眼就开始琢磨，始终没理出个头绪。

能痛痛快快说心里话的自然是闺女了，妈一个电话就打到了我这里："妮，你们什么时候回来过年？""不一定哪！"我说，"要是你非让回家，我们就回来。""当然还是回来好，一家人聚到一块，一年不就一次嘛！"妈赶紧表达她的意愿。"嗯，那你可别在老家过年了，怪冷的，再把我弟家的小家伙冻感冒了。"我在电话里动员她。"不了，今年他们谁先来接我，我就去谁家过年。反正他们兄弟仨都在一座城里，我这家住了那家住。"妈应得很爽快。往年可不这样，动员很久，老太太也不愿离开自己的"司令部"，看来今年真想通了。

妈在电话里说她赶了几个集，置办了些年货，想带到城里，没想到还没买全就累得拖不动腿了。

我说她想得太多了，哪个儿子也不需她去忙年，再说了就算她置办了年货，人家也未必觉得合适。妈在电话里嘀咕："总不能只带一张嘴吧。"我说当妈的吃孩子家的饭这不是应该的嘛。娘俩儿在电话里一句接一句，说了很多，总算把妈的心头事给消解了。"那以后我就越来越成饭桶了。"临了，我听见妈在电话里嘟嚷了一句。

快 80 岁的老妈以为自己还和年轻时一样哪！

（发表于《都市女报》2014 年 1 月 22 日）

写作小记

母亲尽管不愿意离开自己生活惯了的老家,却因为老家条件不如城市好,小孙子又小,于是决定从大局出发,接受孩子让她到城里过节的意见。可采购年货又力不从心,老太太为自己白吃儿子家的饭发了好一番感慨。

本文通过一件家庭琐事,围绕母亲坐立不安的矛盾心情,通过与女儿电话诉说自己的心事,写出了母亲的慈爱与不安,表达了空巢老人真实的心声。此文写了好久,一直没发出去,只是作为一篇小随笔放在个人的私密文件夹里,后来偶然看到都市女报,觉得"语文记事"版很有生活气息,就把文章发了出去。

事不必过大,也不必过于精雕细琢,实事求是地把内在的真实情感表达出来即可。尤其是亲情类的文章,语言不必过于华丽,朴实动人为佳。此文正是从这一特点出发的。

娘 心

一个月前,母亲就打电话要来我家小住两天。当时我嘴上答应得爽快,心里却敲着小鼓:希望老娘只是一时的心血来潮,而不是真的要来我家。

孩子马上就要中考,老公单位远,早走晚归,没个钟点,我工作繁忙,更没时间照顾母亲。再说近千里的路程,我担心70多岁身体不太好又晕车的老娘,受不了这一路的折腾。

但老太太最终还是来了。她来的那天偏偏轮到我加班,等我下班急匆匆赶回家时,母亲已经跟我孩子进了家门。看到老太太不是躺在床上,而是精神饱满地坐在我家客厅里,正与孩子开心地聊着,我很是意外。

"妈,你没晕车吗?"我疑惑地问。

"哪能每次都晕呀?"母亲不好意思地笑着说。

没等我喘口气,母亲就兴奋地把我拉到她的旅行包前,给我一一清点她带来的礼物。在她临来之前,我就在电话里反复叮嘱不用带任何东西,可老娘还是固执地带了大包小包一大堆。

母亲拖过来那只大旅行包,先从里面拿出了三包煎饼。她知道我最爱吃老家这种三合面煎饼,所以临来之前,忙里偷闲地给我准备了一些。紧接着她像变戏法一样又从里面扯出一个食品包,鼓鼓囊囊的,我还没看清是什么,母亲就介绍道:"喏,刚晒好的熟地瓜干,甜着呢。给,先尝尝。"母亲解开一包,长满老年斑的手麻利地伸到包里抓出一把,递到我手里:"你三叔嫌准备少了,还要再弄一些,幸亏叫我给挡住了。就这几包,我和你三叔都忙了整整三天呢!"

"嗯,是够甜的!比超市买的好吃多了。"我边吃边回应着老娘。我知道放进嘴里的绝不只是甜甜的地瓜干。

母亲从旅行包里扯出最后一个透明食品袋,我一眼就认出里面装的东西——一包圆圆的菜团子。

果然没猜错。老太太说:"这是六个野菜团子,是我一开春就到坡里剜的荠菜。剜了整整半个月,都是在刚刚冒嫩芽的时候一棵棵挑着剜来的。"老太太边解袋口边说:"这才是真正的绿色食品呢!"

看到菜团子的那一瞬,我呆住了,眼睛湿湿地盯着老太太——

很难想象一个许久不上坡干活的老人,每天挎着一个柳条筐子,带着一把铁铲,在春寒料峭的田野,戴着她的老花镜,一个人低着头在埂上坡下走动,每看到一棵嫩荠菜,她便怀着喜悦的心情费劲地蹲下来,认真剜出,不知道有多少次这样的起来蹲下,才积攒了这六个和大馒头差不多的菜团。

"哎呀,不是说不让你带什么东西的嘛,城里有的是卖荠菜的,出这个力干吗!"我心疼之余竟抱怨起娘来。老家全是山岭地,河沟多,母亲都这把年纪了,还去剜野菜,万一有个闪失,叫我怎么承受得起?

母亲听了我的数落把眼睛一瞪,不满地盯着我:"怕什么,城里卖的荠菜哪比得了咱自己剜来的? 我这可都是在坡埂上、闲地里剜的,麦子地里长得再好我都不剜一棵,害怕打了农药、撒了化肥。"老太太一边整理着她的空旅行包,一边继续说下去:"其实剜菜不愁,就是择菜费劲,要在太阳底下,戴着老花镜一棵一棵地过目,择的时间比剜的时间都长。择好了再焯出来,三天攒一次,冰箱里就存了好多,有一部分给你弟弟家了。这几个菜团是我特意给你留的,这是最早剜的那些嫩芽。去,先放冰箱里,一个菜团包一次水饺,你们可以吃六次呢!"

我从母亲手里接过那包荠菜,觉得它是那么重,重得我几乎提不起来。母亲说得对,城里哪有这样好的荠菜。这荠菜,长在和母亲一样慈爱的土壤里,天天沐浴着故乡纯净的阳光、清爽的和风和新鲜的空气,何止是城里没有,就是世界上也是独一无二的。

母亲在我家住了十几天,就准备回老家。临走之前,她拽了拽身上的褂子和裤子,说:"妮,你就没发现我穿的衣服里外都是新的吗?"

母亲这一问，我才注意到她的衣服的确是以前没有见过的。我笑笑，很不好意思地说："还真没注意呢！"

母亲听了也不失望，说："为了走闺女家，我在家赶了好几个集，把全身上上下下、里里外外都换成了新的。在家穿孬点没关系，可不能在这里丢了闺女的脸。"

（发表于《文化平度》2013年第3期）

🌼 写作小记

因为离得远，我妈来我家的次数有限，这是最让我感动的一次。这一次是我妈主动要求来的，而且是她一个人来，坐车的时候居然没晕车，她随行包裹大大小小不下四五个，尤其是那六个荠菜团子，让我到现在还念念不忘。这次在我家，妈相当快乐，她陪我，我陪她，十几天的时间转眼就过去了。我把这篇小文章打印出来给母亲看，母亲直笑我，说这有什么，不就几个菜团子嘛！说归说，母亲看完后还是感慨了一番，说趁她还能动弹，活动一点是一点，等不能动了有这心意也没这力气了，说得我心里酸酸的。

母爱是温暖的，更多时候是朴实的，她平平淡淡地陪伴在我们的生活中。这篇文章一叙到底，没有过多的渲染，笔法就像母亲对儿女们那份极为平凡又极为朴实的感情一样，人世间唯有真情最无价。

妈在我家的那些日子

去年国庆节期间，姐把妈送到我家，千叮咛万嘱咐让她一定在我家住一段时间。妈当时答应得很痛快。

没想到姐走后第二天，妈就念叨着回家，说她夜里做了个梦，梦到老家院子里的花草旱了；说家里的老母猫快生小猫了，该给它重新做窝；还说有个亲戚的孩子要结婚，忘记给人家留礼钱……总之，妈觉得哪个理由都需要她赶紧回家。

好不容易来了，哪能让她马上走呢？

我说我最近工作忙不容易请假。妈就信了，说周末再走，不耽误我上班。所幸三四天就这么过去了。

有一天,姐突然打电话来,说妈熊她了,埋怨不该带她到我家,让她天天和坐牢一样。姐说,这是妈待腻了,不好意思冲我发火,才打电话把账赖到她头上。姐让我给妈找点活儿做,别让她闲着。我嘴上应着,可实在想不起让妈做什么活儿。

一天下午,我正上班,妈打电话给我,问晚上做什么饭。我想了想,告诉她熬稀饭,或者等我下班再说,怕她不会用厨房里的那套家什。妈说她早就暗暗跟我学会了操作步骤,熬个稀饭没问题。

晚上单位加班到很晚,等我回到家,妈已经睡了。第二天一大早,我还在睡梦中,迷迷糊糊听到妈叫我,我一睁眼就看她提着旅行包,站在床前。我揉着眼赶紧坐起来,诧异地问:"你这是干吗?"妈说:"我要回家了。"说完就潇洒地出了房间。老太太这突如其来的举动搞得我措手不及,我抓了件外套,趿拉上一只拖鞋,就撵出了卧室:"你这老太太,要走也不差这一会儿吧?"我一边拥着她坐到沙发上,一边急忙想对策。

妈气呼呼地冲我嚷:"你非把我留在你家做什么?我连稀饭都不会熬,光在这里等吃,这不是让我受罪吗?"说着说着,竟委屈地抹起了泪。

原来,昨天晚上老太太兴冲冲地熬了一锅稀饭,本来已经做好了,她还想再熬黏糊一点,结果去做别的事儿时,把灶上的稀饭忘了,等她闻到煳味,稀饭早成一锅黑了。

"不就一锅稀饭吗?煳了再熬就是了。"我安慰她,"你非要走我也不拦你,我先去单位请假,别让领导揪着。"妈虽然点头,还是一脸不信任。临走前,我打开电脑,让她跟着视频学老年保健操,还答应一回来就送她去车站,妈的脸色这才缓和下来。

那天,我一直到中午才回家,告诉妈,单位检查,大家都忙晕了。妈信了,又安心地待了几天。她找到了要干的活:把家里所有的被子换上了被套,把能找到的针线活都寻了个遍,连孩子的破书包也一针一线地缝补好了。

又过了几天,妈悄悄地问我:"你单位不忙了吧?该送我走了吧?"

我说:"你要能坚持两天,就可以搭我同学的车直接回老家了,他说最近要来省城办事。"

妈也认识我同学,她琢磨了琢磨,就动心了,问等多长时间,我说就这一周吧。我同学确实跟我说过要来这边办事,但具体哪天我也不清楚。

妈安静地待了一个星期。这一星期,她跟小区里的老太太学会了老年保健操。我暗喜:妈终于淡忘了回家的事,可以安心地住一段时间了。

那天我一进家门,妈就跟我说她手机欠费了,还跟我说她打了四个长途电话,有一个是打给我那来办事的同学的,说我同学最近不能来了,厂里事多。她还晃晃手机说,幸亏打电话要到了你同学的电话号码,要不然还不知等到什么时候。

没办法,再也找不出让妈留下来的理由,看她归心似箭的样子,我决定给她过完生日就送她回老家。

妈生日那天,我订了蛋糕和鲜花,又订了一个宽敞的单间,叫来了我几个要好的朋友。之前,妈并不知道给她过生日,我只说朋友们想见见她。自从我爸过世后,妈就不让我们给她过生日。但生日那天妈显得又意外又激动,这是她唯一没提回家的一天。

第十九天,我把妈送到车站。妈说,明年她还要来我家。我故意摇摇头说:"你想来,俺也不让你来了,住这么两天还不够你生气的,让你天天跟坐牢一样!"妈说:"我想来就来,来了你不会不给我开门!"说完哈哈笑起来,七八十岁的老人笑得和小孩子一样率真。

(发表于《齐鲁晚报》2014年5月25日)

写作小记

母亲越来越不喜欢外出了,偶尔出来总待不了几天。去年,她到我家来住的那十几天是让我最难忘的,从第二天开始她就闹着回家,我想尽了法子挽留她,最后几乎翻脸。所以,我除了自己时常回老家看看她,近一年多,再没动员她来我家。母亲常跟我们打趣:"'70不留饭,80不留宿',我这马上就80的人了,去谁家也不如在自己的老窝里好。你们就别费那心思了,除逢大年大节,平时我哪也不去了。"

母亲在我家的这段时间,我曾写过好几篇与她有关的小文章,独有这篇写得最多、最全面。后来把文章带给老太太,她拿着报纸,戴着老花镜看得很仔细,边看边不好意思地跟我傻笑,她是最了解自己的。

在这篇文章里,我如实地记录了母亲在我家的那段生活,没有任何夸张与渲染。虽是平铺直叙,却表达了母女之间的相互理解与关爱。关于亲情的文章,无须华丽辞藻与跌宕情节,写实实在在的人、实实在在的事就行。原生态最美!

葡萄熟了

烈日如火,总有一道风景让你欣悦,那就是五颜六色的水果摊,没有哪个季节能奉献出比夏天更丰富多彩的水果了。

每次出来购物我总醉心于街边那五颜六色的水果摊,徜徉其中,实在难以抵挡时令水果的诱惑。但很久以来我却极少买葡萄,不是不喜欢,而是感觉买来的葡萄无论味道、外形、色泽,永远比不了父亲种植的葡萄。

而今又是葡萄熟了的季节,那些大的、小的、紫的、绿的葡萄,在缤纷的水果堆里显得特别扎眼,也特别诱人。

那次下班,我又流连于瓜果摊前,一个小伙子一个劲儿地向我推销他那红得发紫的葡萄,无奈之下便买了一嘟噜。饭后熟人来访,便想起那穗鲜亮的葡萄。洗的时候就感觉奇怪,颗粒死死地长在穗茎上,得用很大的劲才撕下来,按常理熟透了的葡萄,那粒子会很容易扯落下来的。忽然想起报上说的水果催熟剂,这葡萄莫非是催熟的吧,放进嘴里一嚼,果然又硬又涩,哪有什么甜味!

我不禁又想起父亲种在庭院里的老葡萄树。记忆中,那棵挂满又大又亮又甘甜的果实的葡萄树,曾给我们带来了多少快乐的时光!

退休后的父亲,回老家陪伴母亲,过着平和的晚年生活,同时也把他的爱好——庭院种植发挥到了极致。母亲长年养长毛兔,父亲就把葡萄植株精心地搭在兔棚上,又挡风雨又遮阳,整个小院显得利落干净。

葡萄熟了的时候,也是父母最想念儿孙的时候,他们一个接一个的电话,催我们带着孩子回家。那时候,常有一张小方桌摆在凉爽的葡萄架下,孩子们抬头看着一串串透亮的葡萄,相中哪一串,父亲就给孩子们摘哪一串,吃着,闹着,祖孙几个一阵又一阵快活的笑声就会穿过茂盛的葡萄藤蔓,穿过家门,直到小巷深处。

那时,弟弟们一直希望父母搬到城里居住,可是父母总有借口一拖再拖。我知道他们是舍不得放弃操持了一辈子的家业,虽然这些家当不值多少钱,但他们对这个家的感情却是无价的。做儿女的理解了他们的心情后,唯一能做的就是尊重他们的选择。所以许久以来,父母一直都在乡下过着他们平静而恬淡的生活。

我以为这样的日子会一直长久,父母的身体会一直健康,我们大家庭的温馨会一直这么延续。可是那年腊月二十八的深夜,一氧化碳悄悄地把毒素植入父亲和母亲的血液中,那一天,竟没有一个儿女在他们身边!操劳一辈子的父亲,就这样悄悄地先于母亲离去了。

而父亲精心种植的那棵葡萄树,也像陡然失去父爱的孩子一样,失去了维持生命的养分。父亲走了,再没有人这么细致入微地管理它,它开始一点一点地枯萎。即使葡萄树枯萎得叶子都落了,历经生死劫难的母亲也不让别人动它,她想保持葡萄树的原样,看见了葡萄树,就仿佛看到了父亲的身影。

那年,我们回家给父亲上坟,看到院里光秃秃的葡萄杆子,大家再也受不了触物伤怀的煎熬。经我们一再劝说,母亲才同意将早已没有生命的葡萄树移出,母亲和我们也随着葡萄树的倒下泪满衣襟。

从此,那棵老葡萄树就和父亲给予我们的爱一样,永远地珍藏在了记忆深处,那透亮甘甜的葡萄也就成了我们心中永远难以忘怀的味道。

又到葡萄成熟的季节,看到那些大大小小的葡萄,我就想起老家小院里那棵葡萄树,想起父亲跟我们在一起的那些难忘的时光!

(发表于《济南日报》2010 年 9 月 7 日)

写作小记

这是父亲过世后,我最早写的怀念父亲的文章之一。

父亲向来严肃,平时也极少跟我们说笑,但父亲是个极好的人,他勤劳,善良,谦让,热情。在父老乡亲的心目中有着很好的口碑。父亲教了一辈子书,职务做到校长,早走晚归成了他上班的惯例。父亲心灵手巧,很爱干净,不管在哪里工作,他都把自己的办公室收拾得有板有眼,一尘不染;在家里也是这样,他会一整天闲不下,不是整理这里,就是打扫那里,只要父亲在家,家里永远都井井有条,干干净净。这一点一直无声地影响着他的孩子们。父亲话语不多,越到老年越是话少,他把对家、对儿孙、对母亲的爱全化成了实实在在的行动。

本文以家中的老葡萄树为主线,借物抒情,写出了对父亲深情的怀念。文章篇幅不长,但浓浓的思念之情却在字里行间尽情流淌。

落在天堂门前的泪

父亲要走了。在我们全力抢救到第一百零三天的时候。

那天，一切都在预料之中，只是我们没有想到残酷的结局竟会那么早地来到。父亲那被一氧化碳吞噬了近百分之九十的脑细胞，已经完全失去了恢复的可能。大脑司令部无情地罢工了，没有了指挥系统的父亲，整个人软得和面条一样，眼睛紧闭着，嘴巴半张着，体表冰凉，体内温度却高达 40 多度，什么退烧的药对他都失去了作用，整个人处于深度昏迷状态。

从外面请来的神经内科专家经过全面检查后，合上听诊器，缓缓地吐出一句话："我已无能为力。"

母亲和我们的眼泪立刻滚落下来。那天，在医院的梧桐树下，母亲答应了我们的请求：不带父亲回家了，让他安静地在医院咽下最后一口气。天气炎热，回家的路又遥远，没有氧气，父亲极有可能窒息在途中。我们都不想让父亲再遭罪了。我们做好了抱着父亲骨灰盒回家的思想准备。

过后，母亲又说："给你大爷叔叔姑姑们打个电话，再征求一下老家人的意见吧。"

和我们预想的结果一样：老家的长辈们谁都不同意让父亲这样离开。我们一齐望着母亲，老太太抹下眼眶的泪水："那就回家吧，你爸爸忙活了一辈子，就忙了家里的三间房，要是不让他从家里走，他走得也遗憾。"

那天，大爷姑姑叔叔婶婶们都来医院了，他们看了看身上插满管子的父亲，还是极力说服我们一定要让父亲回老家咽最后一口气，他们说恋家的人不能没在外面。母亲和我们泪落如雨。即使遭罪，我们也遵从了长辈的意见，决定让父亲回家。

母亲说她先回家给父亲准备一下。出事以来，母亲一直陪伴着父亲，从没离开一步，虽然她自己也是个病人。临走那天，母亲站在父亲的床头，弯腰摸了摸深度昏迷的父亲，强忍着悲伤，万般不舍地离开。快出病房门口时，母亲又回头大声地跟父亲说道："老东西，你可要挺住，我先回家给你收拾一下。"

姐姐含泪送悲恸不已的母亲到楼下，我和小弟在病房里陪着父亲。蓦然间，我和小弟同时看到了父亲眼角流出的浑浊泪水。

父亲是有知觉的，他一定听到了母亲临走前的那句话。

下午五点多钟,我从医院食堂打来了一份小米稀饭,想喂父亲一点米汤。刚进病房门口,姐姐就慌忙地叫着我去南楼找李医生,说父亲的心律在急速地变动,忽高忽低。李医生有过交代,一旦出现这种情况时就及时去喊他。

李医生一听,放下跟前的病人就和我们一起小跑着来到父亲的病床前。他观察了几分钟后,果断地拨通了医院的急救电话,找了一辆救护车,又配备了一名医生和护士,吩咐我们赶快启程回家。原定第二天回家的计划提前了。

这意味着父亲已到了最后的期限,随时会停止生命的摆钟。

我、姐姐和小弟的心都要跳到嗓子眼了。我们来不及收拾东西,就陪着父亲上了救护车。一阵刺耳的鸣叫,救护车载着父亲飞速地往老家赶去。300多里的路程,分分秒秒都紧张到了极限。我和小弟紧紧地盯着父亲,不住地祈祷:"爸,一定要挺住,坚持到家!"

晚上八点多,父亲到家了。也许父亲知道这是他想回到的地方,一路上虽然没用氧气,深度昏迷的他竟然一点没有别的变化。

左邻右舍都来探望父亲,个个都不能自抑地噙泪而归,他们看到的是一个被病魔折磨得完全变样的老人。

大爷拉着父亲毫无知觉的手,流着泪说:"二弟,你就放心走吧,孩子们由我们帮着照应!"三叔也立在父亲的床前,和我们一样泣不成声:"二哥,你放心吧,我一定照顾好二嫂,有我一口吃的,就有她一口吃的。"母亲在里间放声恸哭,我们也泪落不止。

我和弟弟们又一次看到父亲眼角流出的泪水。

我们相互对望着,父亲其实一直都在清醒中。

夜深了,母亲在抽噎中睡去,大爷叔叔也离开了。三个弟弟和我守在父亲的床前,谁也不肯睡觉,你推我,我让你,大家都说不累、不困,最后大家索性一起守着父亲。推让中,我和弟弟又看到父亲眼角流下的泪水。是父亲知道自己要走了吗?

五点十分,母亲打了一个激灵,她步履蹒跚着来到父亲的床前,看看我们一个个红肿的眼睛,又看看父亲深度昏迷的样子,"扑通"一声跪在了父亲床前,大声哭道:"老东西,你要走就赶紧走了吧,别再这样受罪了,也别让孩子们这样熬下去了。我知道你是不舍得走哇……"母亲的话被哭声淹没。大爷来了,叔叔们来了,姐姐的电话也打了过来。

父亲缓缓地睁开了眼睛,浑浊的目光转动了好几圈,两滴泪水从眼角滚落下来。

"爸……"

"老东西……"

"二哥……"

在我们的呼唤中，父亲就此合上了双眼。任凭千呼万唤，父亲的仙魂已经远去。

（发表于《华夏孝文化》2014年第1期）

写作小记

这是我最不愿意回忆的一幕。尽管是那么刻骨铭心，但我还是在那个父亲节的夜里流着泪写了下来，因为我怕流失的光阴渐渐把那段痛苦的记忆抹平。那个晚上，夜深人静，我伏于电脑跟前，一个字一个字地打完，然后抹去满脸的泪，郑重地把它放到了私密文件夹里，一放就是好几年。直到我确认自己已经慢慢接受了父亲不在的事实，才鼓起勇气把这篇文章翻出来。

这篇文章记录了父亲临终前最后两天的情景。记录了父亲对亲人、对家的留恋，也记录了我们对父亲的难舍之情，更是记录了母亲、大伯、叔叔和我们姐弟对父亲的爱。生死两依依，阴阳两相别。事实上，父亲在最后时刻还是盼望回家的，我们都庆幸没有做出武断的行为。

此文顺着一条感情主线走下来，以"落在天堂门前的泪"为题，用父亲临终前的四次落泪串起全文，写出了亲人之间的生离死别。文章没有什么技巧，只是听从内心的声音，写出了心灵深处最不能承受之疼痛。

沉淀在碗中的爱

一只青花陶瓷碗，磕上两枚新鲜草鸡蛋，再加一勺白砂糖，用筷子搅和均匀，将刚烧开的热水慢慢地冲到碗里，边冲边用筷子搅动，碗中就会慢慢形成一梭又一梭的鸡蛋花。略微沉淀后，上面的就成稀稀的蛋清，下面的就成了稠状的蛋花。

这是母亲最熟练，也是最拿手的活儿，原因很简单：父亲最喜欢喝这一口！

每天早饭前，母亲会准时将它做好放到餐桌上。记忆中，我们都还小的时候，母亲就有这个习惯。在外工作的父亲，一个月只能回家一次。那时候生活困难,每次母亲只能冲一个鸡蛋,父亲还要把沉淀的部分在母亲不注意的时候偷偷留给躲在门后偷窥的弟弟。母亲从小就给我们定下一条规矩:不管她给父亲做什么好吃的,我们都不能靠前。这条规矩直到我们长大都没改变。

后来,生活条件好了,母亲开始给父亲冲两个鸡蛋。那时候,父亲因为工作关系常常要喝许多酒,母亲知道劝不了,就让父亲多喝鸡蛋花,说这样可以缓解酒精对身体的伤害。不管母亲的话是不是有科学道理,但父亲从来没违拗过母亲,每次都很认真地喝下。

父亲退休回家了,陪着母亲一起过着清静的日子。母亲就天天给父亲冲鸡蛋花,父亲也从来不说喝够了,还总留下碗中稠的部分,说越喝越感觉稀清的好喝。还让母亲换成这只大的青花陶瓷碗,说可以喝得更多一些。母亲是个认实的人,只当父亲真不愿意喝沉淀的部分,所以每次都听从父亲的话,把碗中父亲剩余的那部分老老实实地喝下。

有时忙了,我们几乎半年不回家一趟。平时他们不舒服也从不和我们露一点实话,总是相互照顾着对方,和我们说一切都平安,还嘱咐我们好好上班,不要分心。

我们都以为这样的日子还会持续很久,以为母亲会一直这样给父亲冲着鸡蛋花,以为他们会相互照顾对方到永远。

可是,一向身体壮实的父亲竟然在一次意外事故中丢下母亲走了,带着没有喝够蛋花的遗憾,一个人去了遥远的天国。

那只青花陶瓷碗从此再也看不到滚烫的蛋花,母亲常常看着碗发呆。

三年过去了。一次,我们竟然发现母亲开始用那只青花陶瓷碗为自己冲她拿手的鸡蛋花了。看到我们惊异的眼神,母亲笑着很平静地说:"只当是你父亲还活着,我一个人喝双份呢!"

我们跟着她笑了,感觉有热热的泪在心里流淌。

我们知道母亲是在重温与父亲的深情,是在回忆父亲留给她的早已沉淀在碗中的爱。

(发表于《金山》2011年8月,原题《一只青花老瓷碗》)

写作小记

父母感情很好,这从他们之间的相互理解、相互包容、相互关爱上就能感觉出来。父亲在外教书,远时一个月或两三个月回家一次;近时,也天天回家。但不管远近,母亲对父亲总是敬之如宾,有时会单独为父亲炒菜,备上精细点的饭。当然父亲是一家之主,六七口人的花费都指望父亲一个人,父亲是家里的顶梁柱,母亲没有理由不多照顾父亲,我们这些小孩子也没有理由不理解母亲。

所以从很小的时候,我们就习惯了看母亲为父亲每日用开水冲的鸡蛋花。现在的人们并不觉得鸡蛋是多稀罕的东西,但在 20 世纪七八十年代,它却是极奢侈的食品。有的人家养了很多鸡,攒下许多鸡蛋却从来不舍得自己吃,都用它换了柴米油盐。

等到我们做儿女的日渐长大,先后成家立业,我们才慢慢体会到父母之间的相濡以沫。正是这种相互依赖,母亲才会在突然失去父亲后,感情上变得如此脆弱,精神上如此孤独。

这篇小文从怀念一只青花老瓷碗入手,道出了母亲对父亲的思念,原题是《一碗蛋花汤》,但因为许多人对蛋花汤不是很了解,感觉文题不太吻合,经多人建议后,改成了现在的题目。

其实作文写什么内容并不重要,重要的是抓住一个切入点,写出自己的真情实感,让人读了开头,还想读下文,然后从内心生发出共鸣,觉得这就是生活,是至亲至情。如此,便是一篇成功的情感类小文了。

岁月如歌

我上师范学校的第一年,疯狂地喜欢上了乐器,只是那时候父母没一个支持的,关键是家里没钱。作为女孩子,在重男轻女的家庭环境里,能上学读书已经算是大面子了。

空闲之余,父亲那把闲置了许久的老式二胡就成了我最爱的乐器,放了假我就找出来拨弄。刚学那会儿,为了避免杀鸡一样的声音招来家人的厌恶,我就常常掖着二胡到屋后的庄稼地里练习,或是在我自己睡觉的小屋里掩结实了门练习。悄悄地练到能用 15 弦和 63 弦拉出不再难听得的曲子后,才敢在家人面前偶尔露一露脸儿。

师范毕业那一年,我和姐姐一起去济宁看望四爷爷。老人家很激动,不知怎么表达他和四奶奶的欢喜之情,不由分说拉着我和姐姐到了百货大楼,让我们一人选一样喜欢的东西,说这是他和四奶奶给两个有出息的孙女送的礼物,不管多贵只要我们相中就行。20世纪80年代中期,人们的经济收入还比较低,消费水准也没现在超前。我和姐姐边走边看琳琅满目的商品:穿的、吃的、玩的,都不是我俩想要的。在四爷爷不停的催促中,我终于在摆满各种乐器的柜台前,相中了一把枣红色二胡。四爷爷很高兴,不管贵不贵,掏出钱就给我买了。

回到家后,我就更加痴迷地爱上了二胡。别人都在屋里看精彩的电视节目时,我常常在月光底下,一个人在院子里拉曲子。父亲来了兴致时,偶尔也到我跟前指点我一下,但这样的时候一般很少,因为他一向不赞成女孩子学这种乐器。

那把二胡陪了我很长时间,后来弦断了,买了好几次也没买到合适的,工作一忙就搁下了,但我对乐器的热爱一直都没削减。

我刚工作时的学校条件差,没有音乐老师。学校附近有个幼儿园,我和园里的朱老师关系不错,她会拉手风琴,我原来也有一点乐理基础,朱老师又乐意教我,慢慢地我就跟她学会了一些简单的曲子。等我学得稍微好点了,就开始兼任学生的音乐课,每周教他们唱一首简单的歌曲,或者拉上一会儿手风琴……每每这时候,我的那些朴实可爱的学生们就会兴奋得和过节一样。

一晃20多年过去了,有一次在与当年的学生聚会时聊起这段往事,他们对一些细节仍记忆犹新,甚至还能唱出我当时教他们的歌曲。其实,当时我也只会用八度伴奏,拉得音也并不怎么准确,纯是糊弄孩子们开心,却给这些学生埋下了快乐的种子,以至于他们人到中年后还念念不忘那些难忘的时刻。

我结婚有了孩子后,有个愿望一直萦绕在心里:如果有条件一定让孩子好好学一门乐器。在这种愿望和期盼中,孩子慢慢长大,到她五六岁时,我开始尝试让孩子学习二胡,她却对此一点不感兴趣。后来孩子偶然听了一位笛子老师的演奏,清脆悦耳的笛音却让孩子产生了浓厚的兴趣。笛子老师不嫌弃孩子年龄小,当时就招她为徒。从那,孩子漫长的学笛之路就开始了,曲曲折折,风里雨里。期间,无论家庭经济怎么困难,我都一直鼓励孩子坚持学下去,没有间断。随着时间的流逝,笛子老师换了一个又一个,水平也一个比一个高,而孩子的技艺也一天比一天地提高。

一抹晚霞涂在我家落地窗前,一个吹笛的女孩站在窗边,长长的睫毛,秀美的脸庞,望着远方,款款地吹起《春到湘江》。在落日的余晖中,女孩很快便沉浸在优美的意境中,笛音悠悠,穿越窗隙,在北国的冬日寻找着春天的足迹,也把母女二人的思绪引到遥远的南方。

女孩和妈妈一起陶醉在温暖的春色中:那里有戏水的鸭子,满眼的花儿,还有绿水青山,蜂飞蝶舞……女孩的手指飞快地滑动着,青春的娇躯也跟着优美的旋律不停地晃动着,越来越曼妙的笛音终于被诗化成一曲饱满的仙乐,一个响亮的音符划出一个圆圆的弧线后,清脆地定格在意想中的湘江之畔,那倚窗端笛的女孩就此宁静成一道亮丽的风景!

这样的景致在我家的每一天都时长时短地上演着,倚窗而立的女儿,常常让我幻化成年轻时候的自己。岁月如歌,那些一个个难忘的日子会越来越深地沉淀在我记忆的心海里……

(发表于《散文福地》2011 年第 2 期)

写作小记

这是一篇约稿,写了两代人的精神追求,母女都爱艺术,前一部分主要写了母亲对音乐的苦求,后一部分写了女儿对艺术的投入。其实,这也是一种梦想的延伸,或者说是对艺术的坚持,岁月如刀亦如歌。

本文虽然写了母亲与女儿两代人对艺术的不同追求,但衔接之处没有丝毫生硬之感,而且画面感极强,尤其是"一抹晚霞涂在我家落地窗前,一个吹笛的女孩站在窗边,长长的睫毛,秀美的脸庞,望着远方,款款地吹起《春到湘江》。在落日的余晖中,女孩很快沉浸在优美的意境中,笛音悠悠,穿越窗隙,在北国的冬日寻找着春天的足迹,也把母女二人的思绪引到遥远的南方。"这一段,唯美,亲切,让人浮想联翩。

像这样的文章,如果语言上不够优美,语句再不生动,其可读性就会变得很差。所以要写好文章,除了谋篇布局要精心,还要在语言上下功夫,多用生动的细节和优美的抒情语言,来提高文章的耐读性。

三　叔

三叔,是个鳏夫。68岁,和母亲一样白了一多半头发。

因为出身不好,他应该上学的时候,念书的资格被取消;又有轻微的"痨病",应该娶妻生子的时候,为夫为父的资格又被剥夺。

但三叔却每天都乐呵呵地生活着,孤单而不孤寂。他从没怨过命运,也从没恼过社会。

在我的记忆中,三叔和机器人一样是个永远都不知道累的人,从天明到天黑不是上山坡就是去菜地,做饭、收拾家务,还要帮我家做事,拾拾掇掇一天不见他闲上一会,每天从他家到我家不知道要跑多少个来回。

给我印象最深的是三叔那双麻秆似的双腿,说白了就是一层老皮包了一根细细的腿骨,别说肥肉,瘦肉都没多少。

母亲说这是三叔小时候长痈留下的后遗症。那时候钱少,又没找对医生,就尽着三叔遭罪,流脓溃烂,一直腐烂到骨头,说我三叔能活下来就是大命。虽然痈消了,但三叔的小腿再没长出肉。但就是这样两条不再长肉的细腿,给我家扛了一辈子粗活儿。

在我们姊妹都还小的时候,我家是有责任田的,那时候在外工作的父亲常常一周才回家一次,忙起来一个月都不回家,多数情况下家里的农活儿都由三叔代劳。

春节之后,农村人都要往地里运肥,用那种小独轮车,装满两粪篓,一个推着,一个拉着,一前一后,从一路高高低低曲折不平的小路推到自家责任田里。现在想来,那情景就像一幅生动的油画。通常情况下,这样的活儿都是三叔帮我家来干的。那时候三叔推着小推车,我就在前边拉,只要是平坦的地方,三叔就让我放下拉绳,跟在他的后面。

走在后面的我,每次看到三叔那双麻秆样的两腿颤巍巍地支撑着100多斤的粪车,吃力地倾身前行时,我心里就特别紧张,三叔迈一步我的心就抖一下,总担心三叔的那对麻秆细腿一不小心就被压折。

有一次,三叔给我家垒兔栏,需要水泥和沙子,我俩就到河边铲了一车沙,那车沙怕有三四百斤吧,那时候十一二岁的我个头已高过三叔,便很自觉地去拾车把儿,结果两次都没能站起来,最后还是三叔当了推车人。三叔虽然撑起车子,但也是歪了好一会才找到平衡,我看到他那两条细腿也随之抖了很长时间,棉绳织的车绊紧紧地勒进三叔的两肩。那时我就想:以后一定多吃饭长足劲,不再让三叔的麻秆腿支撑这样沉的重量。

只要到我家,三叔从来不问需要干什么活,因为他知道做什么、怎么做,有些活儿连我妈都想不到的,三叔总是悄悄就做了。

那几年,我家的井水有股怪味,饮用的水都要去别人家挑,这个活儿几乎成了三叔一个人的;家里没菜了,三叔不声不响地送来;家里来客人了,三叔跟客人打个招呼就悄没声地到厨房帮忙了。平时赶上吃饭的点儿,三叔也会随我们一起吃点儿,我们都是让他坐在父亲的下首,父亲过世后就让他直接坐到了父亲的位置上。只要我们回家看不见三叔的影儿,就会自然而然地问:"我三叔怎么没来?"

姊妹五个都工作后,自觉形成了一个惯例,五个人不管谁回家都给三叔一点儿钱,给我妈一百时就给三叔五十,给我妈五百时就给他两三百。我妈也很支持,总把我们带来的食品分一半让三叔拿回家。

记得父亲临咽气那天,一向不善言辞的三叔流着泪对父亲说:"二哥,你放心走吧,我会照顾好二嫂和小孩的,有我吃的就有俺二嫂吃的。"那时候弥留中的父亲两滴老泪从眼角滚落下来,然后放心地走了。这之后三叔就一直践行着他的诺言,在我家干活的时间更长,照顾我妈更多,家里的重活、脏活从不让我妈伸手。要是母亲去儿女家了,不管多久,给我家看门的任务永远是三叔的。

三叔虽然自己没有娶妻生子,在照顾别人方面可是一个再细心不过的人。父亲走后的那两年,母亲一直想不开,饭也不按时吃,睡觉也不好,都是三叔替我们照顾母亲。三叔不会说好听的话,只知道用行动来劝慰母亲,他知道我妈好吃软煎饼,每次都不声不响地步行到外村给母亲买回来。有时母亲病了,他也不和我们说,自己一个人照顾母亲,帮她请医生,给她做饭,照顾母亲的起居。这些,都是我们从母亲和邻居那儿听来的。

三叔40岁之前从没到过十几里以外的地方,20多年前我带他去临沂拿药,那是走得最远的一次了。姐姐陪着我们去逛她单位附近的烈士陵园,三叔望着绿茵茵的草坪很惋惜地说:"这草真不错,能放好多牛!"惹得来陵园的游客大眼小眼地瞅他笑。我来省城工作后,每次回家都看到三叔很开心地听着我们谈话,那时候我就想:"有机会一定要让三叔到大城市转转。"

今年春节回家,我特意多买了一张车票,决定实现我心中的夙愿。三叔听说我要带他到济南,可开心了,妈妈帮他收拾了简单的行李,他就快快乐乐地和我坐上了火车。这是他平生第一次出远门,第一次坐火车。三叔走前还不忘记嘱咐我妈:"家里有事就打电话,我会赶紧回来的。"三叔的心有一多半在我们家里。

一到济南,三叔的目光就四下里观望。那几天,我、老公和孩子陪他逛遍了所有的公园,又把给他拍的照——洗出来,快70岁的三叔时不时地抚弄着这些照片,开心得和小孩子一样。

才过了没几天,三叔的精神头就消了。看他无精打采的样子,我们问他怎么了,三叔什么也不说,后来才悄悄地跟我说,他想家了。我想想也是,天天在田里劳动,没事也喜欢在山坡上转悠的人,自然不适应这种悠闲的生活。可我家又没有他能干的活儿,让他干待着是待不住的。我就试着给他找点活做,让他给我剥那点带皮的花生,砸积攒了很久的带壳核桃和杏核,可这些活儿都很少,没半天就让他整利索了。我就想法让他出去散散心,他说害怕找不到我家,给他写了一串电话号码带着,他还是不敢一个人出去。

最后那几天我看三叔实在待不住了,就把他送回了老家。

前段时间三叔生了一场病,需要住院治疗,弟弟们就开车把他接到了城里,给他办理了住院手续,住院的费用全由我们姊妹包了。没有谁提反对意见,因为三叔早已成了我们的父亲。包括三个弟媳妇在内,都对三叔充满了父亲般的深情。

往年的父亲节总让我想起老爸,想起他活着和离去后的那些深刻记忆。今年的父亲节却让我想起了老家的三叔,想起三叔那对麻秆一样的腿儿和总是笑呵呵的模样。

(选入《记忆中的风景》文卷)

写作小记

三叔是对我家有恩的人。他人生的一多半都服务了我家。这是包括母亲在内的人都默默认可了的。父亲过世后,母亲说:"以后你们就当父亲一样孝敬他吧!"其实,即使母亲不叮嘱,我们也会这么做的。

三叔与同样单身的大伯一起生活,住着简陋的房子,低矮而阴暗。他们依旧用大锅生火做饭,用柴火烧水。弟弟给他们买的手机轻易不带身上,都很宝贝地关着机放在家里;我给买的随身单放机,也很少打开使用。三叔没时间摆弄这些"洋玩意儿",只知道干活,坡里、菜地、家里。有一点点空闲也只是看会电视,打一会儿扑克。

在我心里,三叔早就是一本书了,一本永远以勤劳为本色的大书。这本书,时常摆在我们眼前,记录着他一章一节的付出,让我们无不深怀着一颗感恩的心去善待三叔。

这篇文章,没有跌宕的情节,从三叔不幸的少年和成年写起,然后一步步记叙几十年来三叔为我家所做的一切。文中特别刻画了三叔的麻秆腿,表现了老实能干的三叔在我心中的分量。因为感情投入,所以这一细节就写得很感人。情在,感动就在!

怀念堂叔

这两年,不知从哪刮起的邪风,老家人开始兴起活人给自己掘土砌坟的旧俗。一辈子跟这个社会过不去的堂叔,偏偏就磕倒在这条路上。

说来也真是蹊跷,堂叔就是在砌完自己的坟墓后,带着锨在回家的路上摔死的。其实那条路一向很平坦,按理说堂叔是不应该摔倒的,可他就是摔倒了,而且一跤摔下去就再也没爬起来。

母亲说:"唉! 你叔这是怕砌好的坟让别人抢走了,才着急住进去。"这话说得我身上麻酥酥的。是呀,堂叔这是急得啥呢! 这地方还不是早晚归你。

我细细想来,大约有三年不见堂叔了吧,一年回不了老家一两次,回去也是匆匆去匆匆回,看看老妈,再看看姐姐弟弟们,就再没时间顾其他了。

听到堂叔离去的消息后,我一直陷在沉重的怀念中。

应该说我读书的习惯和写作的兴趣,最早是受了堂叔的很大影响。堂叔和我父亲一样也是乡村教师,虽然没有父亲混得好,但他比父亲有才气,他喜欢写东西,喜欢看书。据说他也曾在某些大型刊物上发表过小说,我虽没看到他的大作,但我看到了《人民文学》《收获》《十月》,这些都是我经常从堂叔家借到的。我早期读过的一些大部头的书包括四大名著也是我从堂叔那里借的,至今我的书橱里还有他送我的一本《封神演义》。那时候,只要一放寒暑假,我常去串门的三家儿:一是去大队会计茂富大叔家看《农村大众》;二是去做生意的王同学那里借一些通俗杂志和武侠小说;三就是去堂叔家,不光借书,有时候还和他交流讨论,当然听他讲的时候最多。

堂叔是个热心人,只是堂婶不太欢迎我去他们家,她烦堂叔整天瞎摆弄,拿钱买些无用的东西,放着活不干,看起书来就没完没了,我每次去都听到堂婶这样抱怨。急了,堂叔就吼一句:"滚远点,你这个碎嘴娘们!"堂婶有几分怕堂叔,看看堂叔黑了脸,就赶紧自己找个台阶下,低声骂两句不痛不痒的话走开了。

喜欢打抱不平是堂叔的秉性,他最愿意给人写状子,特别是民告村官的,不仅帮着写,还帮着去递状子,是我们当地有名的告状大王,十里八村谁有冤屈都愿意来找堂叔。他也因此得罪了许多村干部。那年村里规划新村,恰巧把他和几户村民的自留地给占了,又没给个合理补偿,堂叔一气之下,在他的自留地上搭了个窝棚,天天住在里边,谁来动工,他就与谁拼命。大队书记弄不了他,只好重新给他们几家做了相应的补偿才算完事。

堂叔还喜欢文艺活动,年年"六一"儿童节,他给小学生们编排的节目都相当精彩,小时候他教我给同学们打拍子(就是指挥唱歌),还选我做文艺委员,教我怎么领女同学按他的指挥跳舞。都30多年的事了,给我的印象至今那么清晰。

堂叔还喜欢写春节对联,我常拿父亲写的对联和堂叔写的做对比,总觉得堂叔的功力虽不及父亲深,但字迹活泼潇洒,不像父亲写得那么呆板。

堂叔是性情中人,从不为自己的言行考虑后果,那年因为不满父亲编写家谱时将文革时期一直排挤我们的人写进了家谱,他跟主张和平的父亲大吵了一顿,按堂叔的想法,这个家谱里就不应该出现那一家人。就因为父亲一直坚持,堂叔一年多没踏进我们家。直到父亲去世,关系才慢慢缓和,因为这事母亲常常不满地说:"你堂叔就是个没有大丈夫气度的男人。"

现在堂叔也和父亲一样去了另一个世界,我相信,在天堂相会的两个老兄弟一定会尽释前嫌,重归于好,希望他们还会和生前最好时候那样,两样小菜一壶烧酒,谈天说地,笑语朗朗。

堂叔,一并请你照顾好父亲,照顾好自己。

如果写作上我有所成就,一定烧香默告期望中的你,让一直喜欢文学创作的你与我一起分享快乐,也好不辜负你对我最初的启蒙。

(发表于《济南作家》2011 年第 4 期)

写作小记

堂叔确实是个能人,在我的眼里和心里,他是个不折不扣的有理想有追求的文化人。他当过代课老师,会写文章,喜欢帮人打官司。他是我最早的文学启蒙老师。我受了他不少影响,单是从他那里读到的文学类的书就有不少。他要是活到现在,我们一定有很多的共同语言吧。

　　这篇文章我用了倒叙的写法,完整地写了堂叔的一生,重点记叙了我与堂叔的交往以及他对我的影响。中间采用了平铺直叙的写法,一点点地展开。写熟悉的人时,素材往往有很多,如何写好就要精心选择,把最能表现人物性格的事详细地写出来,事选对了,人物性格也就出来了。

新宅子　老宅子

　　大姨搬进了临街的新宅子。搬进新宅子的大姨,一直病来病去的。80岁的她,走路就像在水上漂着。用她的话说:"人一老,换个地方脚下就扎不住根了!"

　　大年初二的下午,我和弟弟一起去看她。从车上下来,隔着院子就望见了大姨,她正揣着两手、侧着脑袋向街上望着。

　　我们叫着"大姨"迈进院子,她也迎着我们疑疑惑惑地走出堂屋,看看这个又瞅瞅那个,都到跟前了,也没听她答应一声。

　　娘仨个就这样你看我、我看你,站在屋外的风口里。

　　"毕竟岁月不饶人。"仅仅几年,大姨变了,我们也变了。我盯着大姨空荡荡的新宅子,心上像结了一层寒霜。

　　这工夫,大姨几乎贴着我们的脸看了半天,两次白内障手术把她的视力最大限度地挽救到了0.3与0.4的低视水平。

　　大姨终于认出了我们。

　　接着就是那一声惊呼:"俺的娘哎,这不是我大外甥和二外甥吗?"拉住我们的手走到她屋里,再没把手松开。

　　我问她何时搬出的老宅子,大姨长吁了口气,没有接话。

　　我只好一边随口应付着大姨的问候,一边打量着这间冷清的屋子:地上是一层光秃秃的红砖,砖缝里塞满了果皮垃圾,西墙上有两道明显洇渍的痕迹。这么冷的天,两扇门都开着。一个煤球炉子放在屋子当中,上面坐着一把脏兮兮的铝壶;一张老式木床紧靠着东墙,上面叠着两床斑驳的土布花被,褪色褪得已辨不清底色是蓝还是青。

我猛不丁打了个寒噤，这新屋也太阴冷了。不由得怀念起早些年到大姨家的情景来，那时候大姨还住在她的老宅子里。

老宅子用黄土打的围墙，麦秸苫的屋顶。房子虽然矮了一点、暗了一点，但夏天晒不透，冬天不阴冷。院子里还有一盘老磨和一棵几十年的歪脖子枣树。秋收时节，屋檐下挂满了一嘟噜一嘟噜金黄的玉米棒子和一串一串的红辣椒；歪脖子枣树上用两根木棍交叉着搭了个底座，上面架满了黄豆棵子；用网子圈了个栅栏，靠着南墙用破蓑衣撑起一个小棚，下面依次是鸡窝、鸭窝和鹅窝。有人一来，鸡鹅鸭们就叫得格外高亢。西南角用黄土打了个牲畜栏，大姨在栏里养了一大群绵羊。

大姨18岁嫁过来，就住在这老宅子里。几十年过去了，大姨在这里送走了八九十岁的公婆，又养大了四个儿子。最困难的时候，就指望院子里那棵老枣树结的枣帮她换点油盐钱。

慢慢地，大姨老了，老得和老宅子一样越来越打不起精神。大姨夫先走了，大姨的眼睛也出了问题。

可能在小马扎上坐久了，大姨松开手，拍了拍她的两腿："我本来不想往新宅子搬了，心想活个一年半载的，就在老宅子里混完吧。可你表哥他们非让搬过来，说这里位置好，又临街，让我先占个地方，等我不在了，他们在这里开个门头。去年屋里还潮乎乎的就让我搬了过来，弄得我腰也疼、腿也不舒服，光生病了。前天都到年三十了还发着烧，你表弟给拿点药吃了才好些。"

大姨说完，就一直喘个不停。"我感觉自己没几天活头了！"她叹口气，"不搬到新宅子，兴许我还能多活两年。在老宅子住一辈子了，怎么说也都习惯了，可这话我也只能跟外甥说说……"

那天临走，大姨抓着我们的手死活不肯留下给她的钱，说她活不了几天，也花不着钱了，说得我们眼泪都快掉下来了。上车时，大姨竟失声哭起来，望着这个站在寒风中的老人，我们泪涌而出。

汽车走很远了，我从后窗看到大姨还挥着手一直站在她的新宅子门口……

（发表于《大众日报》2012年2月10日）

✿ 写作小记

那天，她依依不舍地送我们出来，颤巍巍地抓着我们的手，浑浊的老泪从厚厚的镜片下缓缓流下。这是一个悲戚的告别,身后清冷的新瓦房、空荡荡的院落,让她晚年的生活不只充满了病痛,也充满了孤独……

回家的一路上,我极力回想着她年轻时好看的模样和她在老宅子里风风火火的生活。时过境迁,我感叹着岁月这把利斧,它把大姨的青年、壮年削没,只剩下了孤单的老年与凄惶的暮年。

大姨的老境让我心酸。奔涌的情感憋屈了我好几天,一旦静下来,大姨站在新宅子前送我们时的画面就一一浮现于眼前……半个多月后,一篇以《新宅子 老宅子》为标题的文章发表在《大众日报》丰收版。此文刊出后即获得众多朋友的关注!既有对大姨晚景的唏嘘,也有对此文细致而真切的语言的赞赏。

本文的素材就是大姨的新房子与老房子,通过对这一素材的处理来表现大姨的人生变化,抒发了作者当时的内心情感。这篇文章取材于生活中的所见所闻,正是有了这种深切的生活和情感体验,才促使作者将此文一气呵成。叶圣陶先生说过:"生活是写作的源泉,源头盛而文不竭。"认真观察生活,悉心体味生活,把握生活中的情感体验,坚信"我手写我口,我手写我心",就能写出感动读者的好文来。

空 宅

大姨走了,留下一座空宅。空宅临街,长满了杂草。

大姨活着的时候,前街后巷断不了串门的街坊。那时候,热心的邻居你来我往,宅子很热闹。现在,大姨走了,宅子空了,再没人踏进这座宅子——宅子成了表弟家的仓库,一天比一天荒凉、冷清。

大姨是那年腊月离开的。之前她曾跟自己的老姊妹说:"我怎么也得熬过这个年头。"结果,最终没能熬过。那年,若按虚岁计算,大姨刚好80岁,生日差了20天。

"走就走了吧,活着也遭罪!"大表哥去我家报丧的时候,我母亲抹着泪这样说。

大姨临终前的那段时间活得确实痛苦,她是硬生生被憋死的——老化的肺已经再也不能工作。最后的那一天,大姨死死地拉着我三表哥的手,大口地喘着粗气,脸憋得跟紫茄子一样,深陷的眼窝不断滚出痛苦的老泪,持续了七八个小时,手,才慢慢松开;身子,慢慢地软下去——老人至死都没闭上眼睛。

"唉!你这个大姨啊,可是实实在在地苦了一辈子!"每每说到大姨,我母亲总如此叹息。

母亲说的,别人说的,加上我们从小看到与感受到的,点点滴滴聚起来,大姨就成了一本厚书:书里写满了她童年的欢乐与幸福;写满了少女的饥馑与奔波;写满了中年的穷苦与酸楚;写满了老年的病痛与孤寂。

葵,是外公给大姨起的小名。外公出身大户,是李家的长子。初时习文,后来行伍。外公曾是国民党部队的一名军官,一度身跨战马,腰佩双枪,气度威武。他给大姨取名"葵",就是希望大姨像向日葵一样幸福地成长。那时候的大姨在富有而气派的李家大院里一直过着大小姐的生活,确如外公所希望的。只是这样的生活仅仅维持到大姨十一二岁,之后李家遭遇变故,两扇朱漆大门一关,大姨的童年就此圈上了沉重的句号。

那一年,被撵出家门的外婆领着大姨、二姨和我母亲,东一头西一头地借住在不同的亲戚家,时局动荡时母女几人只得四处流浪。期间,外婆几次要把大姨送给人家做童养媳,但都被大姨婆婆的泪水泡软了心肠。娘儿几个就这样相依为命,熬过了一个又一个艰难的春秋。

那年,她们流落到于家庄,长期的奔波与饥饿让外婆身心俱疲,走着走着外婆一头栽倒在路边的柴草垛下。

一个女人经过这里,听到大姨的哭喊,赶紧帮忙救醒了外婆,又把她们领到家里。看着面黄肌瘦的孤儿寡母,女人把大缸小瓮里的米都掏了出来,煮了一锅干饭,外婆她们噙着泪吃了一顿久违的饱饭。

那女人家的日子并不好过,四个闺女两个儿子,一家人靠着祖上留下的二亩薄田维持生活。大儿子快30岁了还没讨到媳妇。看着个子高挺、模样周正的大姨,那女人直接开口替儿子求婚。看着一脸蜡黄的大姨,又看看眼前也是一脸穷愁的女人,外婆虽不太满意这门亲事,但又不好说些什么,人家再穷还有三间房子、两亩土地呀。

就这样,一顿杂合米饭,成了大姨的聘礼。这顿饭之后,未满18岁的大姨成了老于家的儿媳妇。婚后,大姨与公公婆婆、小姑子小叔子一家九口挤在三间草房里,日子贫穷而简单。

嫁鸡随鸡,嫁狗随狗,嫁了农民的大姨很快学会了简单的农活,学会了养蚕,学会了纺织,大小姐的影子在她身上再也看不到丁点。后来,不得不改嫁的外婆又回于家庄看我大姨时,19岁的大姨已经成了两岁孩子的妈妈,成了裹着方头巾、扛着锄头、背着筐的农村大嫂。外婆心中五味杂陈,唯一让她欣慰的是,大姨的婆家虽穷,但对大姨不错。

大姨的命运,就这样被饥饿与动荡的年代彻底改变了。

大姨夫是个憨人,脑子转得特别慢,只知道天天去地里干活,闲时蹲在街头抽旱烟。公公婆婆去世后,家中的大小事务全由大姨一人操持。有时,大姨被生活所累,会没头没脑地数落大姨夫。不管话深话浅,大姨夫只管"嘿嘿"傻笑,不生气,也不反驳。大姨的脾气就被慢慢磨没了,开始认命。

小时候,我妈常对我们唠叨,说大姨生来一副穷命,跟她的婆婆别的没学到,就学会了过日子。

记忆中,我第一次去大姨家的时候,是在入学前。那时候,大姨的公婆已经过世,小叔子、小姑子也都相继成家。大姨家的院墙是土坯墙,院中有棵歪脖子枣树,枣熟的时候,孩子们是很少吃到的,因为大姨要靠树上的枣子换些小钱贴补家用,决不允许孩子们随便吃枣,在她心里,吃枣就是吃钱。

大姨家的院子里还有一口大瓷缸,缸里一年到头腌着酱菜,一天捞出一盘,酱菜就替代了炒菜;还有一只大铁锅,大姨隔几天就用它蒸两锅粗面馍馍,放进玉米叶编的饭笸箩。每天吃饭前拾出几盘热一热,把酱菜切成细条,再熬上一锅玉米粥,剥些葱、蒜放饭桌上,就成了一顿饭。这样的饭,一年到头几乎雷同。

有时候,大姨也会用铁勺炒一个鸡蛋,一分两半,表弟一半,我一半。大姨夫有时会半真半假地把他的饭碗伸到我们跟前,我和表弟会各自夹上一筷子送到他的碗里。而表哥们则连品尝的资格都没有,偶尔看到他们对我和表弟一直翻来翻去的白眼,我就吃得很不自在,而大姨却从不顾及表哥们的不满情绪。

有一次,大姨从鸡窝里掏出三四个鸡蛋,一脸喜相地往罐子里放。我跑过去问大姨:"为何不多炒些鸡蛋让表哥们一块吃?"大姨抬头横我一眼,翘着下巴粗声道:"那怎么成,都炒吃了我用什么换钱?没钱,我以后拿什么给他们盖房娶媳妇?"

大姨一生都苦盼女儿,自己却一口气生了四个儿子。在农村,养儿要比养女儿的负担重,给儿子盖房,还要给儿子娶媳妇。大姨就一点一点地拼命攒钱,攒了一辈子,终于给儿子们一个个盖起了新房,娶上了新娘。

那年在外面当兵的三表哥回家跟大姨商量,说部队首长要给他找个城里媳妇,叫他回家跟父母商量一下。三表哥也想减轻家里的负担,没想到一开口,就被大姨堵了嘴,理由是娶了城里的媳妇,儿子就不是于家的了。三表哥没辙,苦着脸去找我父母帮忙。尽管我父母也做了大姨的思想工作,但大姨就是不同意三表哥娶城里的媳妇。

那年,为了给三表哥盖房,大姨夫从房顶上掉下来摔伤了腰,大姨也借遍了所有亲戚的钱。三表哥终于随了大姨的愿,娶了老家的媳妇。

旧村改造那年,大姨和老街坊们一块搬进了新宅子。搬进新宅子的那年春节,我跟母亲一块去看望大姨,那时候大姨的身体还没啥大毛病,经常有一些老邻居到大姨家跟她拉家常,大姨也经常到她们家串门。

晚年的大姨与儿媳妇们相处得不太融洽,为这个家,也为儿孙们熬干了心血的她,并没有得到孩子们应有的尊重与孝顺。倒是大姨夫,天天瞎吃迷糊睡,所有家事一概不管不问,儿子媳妇们对他倒比对大姨好。大姨夫一直没心没肺地活到 90 岁,无疾而终。邻居都说大姨夫傻人有傻福,一人享了两人的福,把大姨的福分也一起享了,最后撇下多病的大姨苦度残生。这些都是大实话。

佛经里说:苦难是一条河。大姨已把这条苦难的长河蹚完,苦了一辈子的她,笃定去另一个世界寻找童年那样的幸福了。

如今,大姨早已淡出人们的视野,随着时间的流逝,还会慢慢淡出人们的记忆,只有那座空宅默默地记得,记得一个老人最后的那段时光。

(发表于《文化平度》2014 年第 2 期)

❊ 写作小记

那年,离春节还有二十几天,三表哥接到老家急电,说大姨病危。三表哥撂下手中的活儿,跟领导打了个报告就匆匆启程了。此时,大姨正躺在县医院的病房里同死神做着最后的斗争。说也奇怪,三表哥回到家的当天,几度昏死的大姨竟奇迹般好了起来,跟三表哥断断续续地说了好几天的话。挨到最后,呼吸器官完全衰竭的大姨仍紧紧攥着三表哥的手,浑浊的老眼袒露着求生的欲望。三表哥后来说,大姨临终前的这一幕让他揪心了许多天。

暑假回老家,我弟弟说起大姨,还有大姨住过的宅子,令我感慨万千。我心里还是念念不忘大姨的新宅院和老宅院。人去屋空,大姨凄凉的晚景又浮现于我眼前。正逢清明时节,想起大姨,不禁情郁于中,遂写成《空宅》,以表达对大姨的深切怀念之情。

此文以空宅为背景,通过往日所见与今日所闻积累的素材,写出了大姨坎坷的一生,令读者为之动容。写作不是无情的文字游戏,要把自己的真情实感写出来,让读者从中获得一种独特的情感体验,写作的初衷就达到了。

往事不如烟

"那时候,她实指望你能留在县城,给她当闺女……"大表哥坐我对面,有些伤感地说。大表哥说的是他母亲——我大姨的心愿。

其实,大姨的心思我早知道。当我还在乡镇工作的时候,她就不辞劳苦地从城关一趟趟跑到我家,动员我妈把我许给她小叔子的大儿子。

在大姨看来,这是一桩极好的姻缘,知根知底,又亲上加亲。她认为侄子长得好,工作单位也不错,而小叔子又是县城某单位的一个官儿;而她也知道我正想调到县城上班。只要她一撮合,婚事绝对没有不成的道理。

没想到,她第一趟来我家就遭到了拒绝,不是我妈不同意,而是我没答应。亲上加亲并不是好事,这样的关系将来更不好相处。再说,真过了她家门,叫她大姨,还是叫她大娘? 我可不愿意搞得这么复杂!

大姨最后一次从我家离开时,鼻子不是鼻子脸不是脸地抛下一句:"死妮子,这么不知好歹!"

多年后,我才明白,促成这门亲事,大姨也是有她想法的。大姨不到 18 岁就嫁给了一个长她十几岁的男人,生到第三个儿子时,她开始盼闺女。盼将来能有个帮她干家务、做针线、说知心话的女孩在跟前。生到第四个儿子时,她灰心透了,接生婆说再生还是儿子。月子里的大姨叹口气:"唉,命苦哇,这辈子跟闺女没缘了!"

大姨动员我妈把我许配给她侄子时,就想好了,我上有姐,下有弟,母亲自然不会拒绝。等我跟了她侄子,差不多就成了她闺女。

红线未牵成,大姨的愿望落了空。此后两年,大姨再没踏进我家一步。我知原因所在,就没再去看过她。

两年后,我调到县城工作。第一个周末,我带着礼品去了大姨家,这是两年来我第一次主动走进她家。大姨和大姨夫正在院里剥玉米,看到我,高兴极了,完全忘了两年前的事。当听说我已调到城里上班,学校离她家不远时,大姨的脸上笑开了花。

从那,每个周末她都盼着我去看她。只要没有重要的事情,我都按时去她家住一宿,陪她干活,陪她说话,帮她和大姨夫洗洗衣服,陪她去左邻右舍串门儿。这样持续了一年多，正像大姨所希望的，我的到来渐渐填补了她没有闺女的缺憾。

后来，当我熟悉了身边的环境，发现眼前的生活并不是我想要的时，便有了外出学习的打算，工作之余开始拼命地复习，认真备考！忙起来时，两三个星期不去大姨家。大姨就让她孙子一遍遍地传话给我。我答应着，但去的次数依然有限。

熬到暑假，我如愿收到某大学的入学通知书。

去大姨家告别，怎么开口我想了很久，但一见到大姨兴高采烈的样子，我就不忍张口了。大姨忙着给我包水饺，却不让我插手。她一边剁馅，一边问我一些不着边际的话，问着问着，就发起牢骚，嫌我不常来看她，嫌我心里没有她。当大姨终于把一碗热腾腾的饺子递给我时，我实在憋不住，就告诉她我要去省城读书了。

大姨当时就怔在那里，她是知道省城的，因为她的三儿子——我的三表哥就在省城当兵，一年见不到一次。大姨急了，抓过旁边的小板凳，一屁股坐在我跟前，盯着我一遍又一遍地逼问："你真要走吗？真要去那么远的地方上学？"我只管低头吃饭，一句话也不说。

"死妮子，你说话呀！"大姨最后一次逼问时，我只好拿出通知书让她看，告诉她已成事实。大姨哭了，哭得很伤心。她多么希望我能离她近一些，就像现在这样子。

但大姨哪里知道，那时候外面的世界足以让年轻的我放下眼前的一切。她的眼泪又怎么能挽留住我一颗飞翔的心？我还是义无反顾地走了。

这一走就是二十年。二十年里，因为种种原因，我有十五年没见过大姨，甚至有一年大姨来省城做白内障手术，近在咫尺，我却因故没能见到她。

好在三表哥跟我生活在一座城市，我能不断地从他那里知道大姨的生活现状。

大姨夫没了后，家里的几个儿子都忙于个人生计，很少有空闲时间去照顾大姨。大姨的眼睛虽然做过手术，但视力恢复得很不好，天天戴着大眼镜，戴久了就头痛，眼疾让大姨吃尽了苦头。后来她又患上哮喘，厉害时会憋得老大一会喘不过气来。有一次，我弟弟去看她，见她一个人在医务室打着吊瓶，说不上两句，脸就憋得像紫茄子一样。

那年春节，我回老家，弟弟带母亲去看大姨，我和姐姐一同前往。

这时候的大姨已经搬离老宅，搬到小儿子刚盖的新房。去的那天，正是最冷的时候。突然见到我们，快 80 岁的大姨激动得说不出话来，到这个跟前亲亲，又到那个跟前摸摸。走到我跟前时，还笑着骂了我两句，说我离开县城那年差点把她气死。但后来听说我日子过得还不错，就夸奖说我去大城市去对了。大姨夸得我心里酸酸的，我拉着大姨的手，什么话也说不出来。

我们准备回家时，大姨却拽着我妈的胳膊迟迟不松手，后来竟失声痛哭起来，说明年这时候，我们就看不到她了。母亲安慰她，不让她多想；我们也不停地劝她。

回家的路上，我心里很不平静，大姨那些伤感的话像小锤子一样敲在我心上。想着一幕幕在大姨家老宅子里生活的情景，想起她对我的那些好，和她在我身上寄托的希望，我的眼泪竟不知不觉落下来。

第二年，离春节还不到一个月，三表哥接到老家电话，说大姨病危，让他赶紧回家。大姨在三表哥回家后又顽强地坚持了十几天，她头年跟我们说的话终于变成了残酷的现实。

往事悠悠不如烟，我会一直记着大姨对我的那些好，但我明白，即便时光倒流，我也仍然不会选择留在大姨的身边。大姨自己也说过，她命里没有闺女缘。也许……

（首发《华夏孝文化》2014 年第 2 期，后发《山东青年作家》2015 年第 8 期）

写作小记

搬到新家后，三表哥离我家近多了，出西门过马路，走两三分钟，再过一条马路，就到他家。这两年，两家走动得越来越勤，你来我往中感情又拉近了不少。久了，就爱聊起过去那些琐事。某一日，聊到三表哥那个壮年而逝的侄子，很自然地说起大姨曾保过的那段不成功的媒，进而说到大姨在我身上所寄予的美好愿望。几十年过去了，渐渐发现那些记忆中的往事其实并不如烟。

此文表明，生活处处有文章，只要你随时留心身边的人和事，随时捕捉感情的集结点，那些沉淀在记忆深处的往事，一经触发，就会一一浮现出来，此时你就要及时动笔，把它变成文字，哪怕只是记一笔流水账，那些如烟往事也会慢慢地清晰起来。

风不语却拂过心际

一拐进小区中门，我就怔住了。

那棵歪脖子法桐树下，我看见婆婆正不安地往我家那座高楼上张望，身影越来越佝偻、瘦削而苍老。我静静地把车子停在她的身后。

婆婆穿的还是两三年前我给她买的那件枣红色外衣，后背已经明显褪色，原本花白的头发，此时更是鲜见黑发。她往前走走，又慢慢退回，不停地望着前面孩子放学的路口，又不停地抬头往楼上张望着。

我看见她从绿色布兜里，取出好几年前我从三联给她买的特价手机，低头看看，又放回兜里。没一小会儿，她又从兜里拿出，将手机凑到眼前，认真地按着号码，按完后却没有把手机放到耳边，只是抬头看看我家，摇摇头，又把手机放进兜里。她虽只留给我半个侧影，但我仍然感觉到了她的顾虑重重。我想，她可能想给我家打电话，但又不敢贸然拨通，只希望侥幸等到她的儿子和孙女归来。

一年多来，这是她第一次主动到这里，让我很意外。

一年多前，因为在处理原有房子的问题上，婆婆三番几次地不讲信用，深深地伤了我的心。原来的房子是我们当初的婚房，只因为没有把名字落在我老公的名下，当我们决定卖掉旧房还新房贷款的时候，受到了她的阻挠。后来，我们又想出租旧房，可婆婆一开口就是那句噎死人的话："我说不租就不租！"

我那时正背负着沉重的房贷，还有急需偿还的借款，老公所在的那家单位正处于低迷时期，工资低得连基本的生活都难以维持。我们几乎天天为这个吵架，婆婆和我们住在一起，就跟没看见没听见似的。逢到我们吵架，她就悄没声地躲出去。我知道她也是左右为难，毕竟还有其他人让她更难将就。但无论从情理和事理上，我总是难解心中的不平。我也曾在心里一点点地做着让步，可现实的经济困境和老公的懦弱又一次次让我心寒。婆婆那次生病从医院康复回来后，她儿子提出肺结核容易传染，让她先回老房子休养一段时间。婆婆也自知理亏，心里虽不情愿，但还是听从了儿子的建议。从那以后，我就再没开口让她回来住过。

我和孩子一直很少再出现于婆婆跟前。只是偶尔打发也是一肚子委屈的老公带点东西去看看他自己的妈。就是逢年过节,我和孩子也很少到婆婆跟前,因为心里一直有一种难以释怀的痛和难以平复的怨气。

前两天"五一"放假,大姑姐打电话让我带孩子一起过去,说一家人好好聚聚。我借口自己有事脱不开身,谢绝了。

自己不是冷酷的人,只是有时总不能从某种受伤的情愫中走出来。这些年家庭生活的阴影带来一系列的负面情绪,总让我对一切都产生怀疑,甚至以一种消极的心态对待身边的人和事。在家里也好,在单位也好,人前人后,话语明显变少,逐渐变得抑郁和自闭。这是我只身闯荡省城,被生活欺骗后最让人难以释怀的感觉。

这一切都与婆婆有直接关系,所以怨愤之心一直不减。对她儿子也更是好脸少,沉默多。

今天婆婆竟然自己过来了,不知来做些什么。

既然来了,我不能不让她进屋。我正考虑怎么过去叫她,身后一个孩子的说话声惹得婆婆回过头来。见到眼前的我,婆婆一下怔住了,眼光东躲西藏,极力回避着尴尬。

我们就这样相互对看了十几秒。

"我来看看孩子。"婆婆先打破沉默,嗫嚅道。

"回家吧,孩子一会儿就放学了。"我尽量放平语气。

"我还是在这等吧。"婆婆说完竟掏出一张报纸铺到了花坛边上,又慢慢地坐下。

看着婆婆慌不择地,我心一酸。楼上就是她儿子的家,婆婆却选择坐在楼下的水泥台子上,是什么让曾经有过的美好亲情就这样生生断开?我感觉脸上热辣辣的,就像小时候淘气被我妈打了一巴掌一样。

停下车子,我走到一直低着头的婆婆面前,拉起她的胳膊,说:"回家吧!"

婆婆眼圈是红的,她还是坚持坐在楼下。我告诉她,中午她儿子一般不回来,都是我回家做饭。婆婆立刻接嘴说:"不找他,只看看孩子。"这话百分之百是真心的,因为孩子是婆婆从小看大的,在一起生活了十二年。

婆婆到底进了家门。

望着她坐在沙发上,脸上流露出百感交集的表情,我想:"以后的日子应该改变一些了!"

(发表于《当代散文》2011 第 5 期)

写作小记

这是几年前写过的一篇文章,看过的人都说写得好,特别是对婆婆在树下张望时那个瞬间的描写。殊不知,这也是我最难忘的。因为难忘,所以清晰;因为清晰,所以深刻。

我曾经在课堂上给学生们讲,为了把所要表达的主题充分表现出来,让人一下过目不忘,笔法上就要讲究一些技巧,不仅要学习电影中的特写镜头。而且还要尽可能地使用慢镜头。一秒钟发生的事情,你可以用三五百字去展开,这就是细节描写。细节要用语言来表现,语言越细腻,画面就会越清晰。

事实上,这篇文章就是以婆婆站在楼下的那个背影展开的,通过双方之间的神态、动作、语言,突出那个场面的彼此尴尬与复杂的心情。

第二辑　感恩生活

蓝莓花儿开

认识蓝莓,早于认识他。

两年了,蓝莓那梦幻般神奇的色彩一直深深地烙在我心里。想不起当时是怎么发现的,总之第一眼看到这通体精致、一身淡蓝的小东西时,就深深地喜欢上了它。

蓝莓的名称来源于英文 blueberry,意为蓝色的浆果。它是一种多年生落叶常绿灌木,栽培最早的国家是美国。因其具有较高的保健价值而风靡世界。看了有关蓝莓的很多资料,也了解了它很多的品性,感觉接触得越多越是喜欢。

后来,在一个很偶然的场合又认识了他,知道他有一大片养眼的蓝莓基地。这个基地是他梦想成真的飞翔地,作为一个出色的本地"蓝莓之父",他的心愿远远没有实现,因为他还想让更多的人认识蓝莓,喜欢蓝莓,吃上蓝莓。因为蓝莓,我对他的感觉亲切了好几分。此后在不多的接触中,从他儒雅、淡定的性情中,我留意到了一份明显的忧郁,那种表情和蓝莓一样的神秘、玄奥。他是个实业家,又是个书法家,是一代翰林世家的后人。在不惑之年,他除了保持家族的墨香,还开辟出另一番事业,这让我对他产生极大的敬意。沉积于无边的艺海商途,他能有这份从容已是难能可贵。

我感觉他身上一定有丰富的故事,看他对蓝莓的挚爱,还有双眉间不时流露出的沉郁,我试着走近他,想套取一点美丽的素材。可每次,他都很狡猾地避开。

今年"五一"前那段时间,蓝莓花开了,他给我传了一些图片。只见滴着露珠的小小白色花苞,既传递着某种喜悦,也传递着一份豪气,他说:"蓝莓花开了,你来看看吧,满地都是呢!"

我接受了他的邀请,却因工作忙碌没有达成所愿;草莓果儿成熟的时候,他又邀请我去看一粒粒透亮饱满、如大海一样蓝的浆果儿,这一次我还是未能成行。直到大批蓝莓果儿下了,我才有自由的时间。

等我真的来到时,那大片的蓝莓却只剩最后的收尾工作。几只可怜的果子漫不经心地挂在枝上,心中那片美丽的梦幻哪去了?那么倾心向往的蓝莓果儿,在我心里圈上了一个很失意的句号。

倒是他娓娓道来的故事补回了我遗憾的心情,尽管他没有具体展开,我也被其中的情愫深深打动。

蓝莓的背后果然牵出一个纯美的悲情故事。原来,他家和她家是近百年的世交,一个是翰林后代子孙,一个是晚清遗臣后代子孙,两人青梅竹马,感情甚笃。长大后,家人送他们到美国留学。一个偶然的机会,他们在美国乡村看到了一大片成熟的蓝莓,两人当时就被这美丽而高贵的果子吸引住了,她说什么也要在这里待上一段时间。于是,他们一起帮着蓝莓的主人摘果打包,同时也了解了这种水果如何种植,她很开心地说:"回国后,咱也要种一大片这样的蓝莓。"

一年后,他们怀着梦想回到家乡,开始着手这项蓝莓事业。可是还不等第一株蓝莓花儿开放,她就丧命于一场飞来横祸,留下一个不足两岁的女孩和一个残缺不全的家。他心灰意冷,一度失去了生活下去的信心。

大学毕业后一直没找工作的妻妹,时不时地过来帮忙照料这个失去了生命活力的家,照顾这个失去母亲的柔弱小外甥女。久了,孩子和他都对妻妹产生了依赖心理。考虑到孩子的情感需求,两家老人就让他与自己的妻妹结了婚。但他心中的隐痛一直久久存在心里,为了前妻,他一直很努力地去完成那个关于蓝莓的遗愿。他说:"每次来到基地,看到那一大片的蓝莓花和蓝莓果,就像看到了前妻快乐的笑脸。"

这就是他给我讲述的,发生在他身上的一个真实的故事。

那天我辞别他,回望那片零落的蓝莓,心里有点失落。他好像看穿了我的心思,安慰道:"等明年花儿开了,蓝莓结果了,一定再邀请你过来。"

我笑了,朦胧中眼前仿佛已是满地的蓝莓花儿。

（发表于《当代散文》2010年5-6期）

写作小记

　　写这篇文章时，我正对蓝莓着迷，那时的蓝莓果对我而言就是一种人间仙果，不亚于王母娘娘的蟠桃。而在济南这块地上，最早引进蓝莓的朋友也就成了我心中的"蓝莓之父"。那应该是个新奇的季节，他不断地把蓝莓的成长记录通过电脑传递给我：蓝莓长叶了，蓝莓有花苞了，蓝莓开花了，蓝莓花谢了，蓝莓开始长果了，蓝莓开始熟了，蓝莓要摘果了……直到最后我也没能亲眼见到那圣洁的花儿，但我终于有机会去采摘蓝莓果，虽然是末季，蓝莓只剩下星星点点的残果。但那次，我知道了他热衷于蓝莓的原因，那应该是一种爱的延续。

　　对这篇文章内容的取舍，也如我对蓝莓的感知一样，从头到尾都紧扣蓝莓，写了我对蓝莓的痴迷，后来才加入培植蓝莓的人，毕竟因为人的存在，才有了蓝莓的成长。如此，蓝莓花开也就有了更丰富的意义。

卖核桃的女人

　　小区的门口不知何时来了一个卖核桃的女人，五十岁左右，说话不多且慢声细语，我看到每天下午都有一些下班回家的人围在她的摊前。

　　她坐在马扎上，跟前放着两只柳条筐：一筐装着葡萄，一筐装着核桃。有人愿意买她的葡萄，有人愿意买她的核桃。不管有多少顾客过来，她都会在忙碌中扫视一下跟前的每一副面孔，有时还会瞄一眼小区里进进出出的人。

　　我买过她的葡萄，粒大汁甜。第二次再过来的时候，她就记住了我。也许是当时人少的缘故，她还跟我说一些话，问我这小区里住的人多不多，问我住在南边还是北边，还问是高楼还是矮楼，甚至还问我邻居都是做什么的。我笑笑，一一回答了她，只当是她在和我套近乎，让我以后多来照顾她，多买她的东西罢了。山里人也有山里人的赚钱思路，拉一个回头客就能多赚一回钱。

　　一个远方的朋友看了一本医学博士的书，说用核桃、桂圆和灵芝煮水喝可以补脑，每天坚持喝，头痛就会缓解许多。正好那些天我头痛，对此如获至宝，决定立马试试。家里有灵芝、桂圆，就是没有核桃仁，我便立刻想起门口那个女人，好像她也卖核桃仁。

　　第二天下午，一下班，我就早早往回赶。在小区门口，我看到了那个女人，两只筐子里装满了大大小小的核桃,看我停下车子,她笑笑说:"我家里没有葡萄了,今天光带了核桃。"

我告诉她:"不买葡萄,这次是专门买核桃的。"她赶紧给我扯出一个方便袋,专帮我挑个头大的。我看了一眼她旁边满满的一袋子核桃仁,说:"我不要带壳的,想买那袋子里的核桃仁。"

女人怔了一下,挑核桃的手停在筐子里,抬头看看我,又看看袋子里的核桃仁,很不好意思地说:"这是我特意给人家留的。要是你想要,我回头再给你砸。城里人爱干净,我一般不在这里弄,没有铺着的东西,拿钱找钱的,怕你们嫌不卫生。要不,你后天过来拿,可以吧?"她一脸歉疚地给我解释。

我瞅了一眼那袋核桃仁,个个饱满、干净,做药引子煮水应该最好。我不死心,说:"那你少卖给我点吧,可以多给你一点钱。"

"妹妹,不是钱不钱的事,这核桃真不能卖给你。你没看我天天都带着,从没卖过。不光你想要,他们也有问的。这确实是我给人家留的。"女人一脸为难之色。

既然这样,我也就不强人所难了,推起车子,望了一眼那袋在斜阳里泛着一层金光的核桃仁,很不甘心地准备离开了。

"妹妹,你等等。"身后响起一声呼叫。我心里暗喜:"莫非她改变主意了?"

我又停下电动车,期待着她拿袋子给我装核桃仁。可是女人没动,红了脸说:"妹妹,向你打听个人,也是住这小区里的,是个退休老师,教大学生的。忘了姓什么,但长得瘦瘦的,中等个儿,他们有个孩子在国外。我好像听到他跟熟人说住9号楼,每天要爬好几层楼。"女人一口气说了这些,我没接一句,因为我不认识这个人,小区实在太大,住的人也太多。但女人说的这人一定是北区的,因为南区是高层和小高层,都有电梯,是不用爬楼的。

"你自己可以问问小区管理处的。"我说,"这人应该是在北区吧。"

她不好意思地笑了:"我们乡里人不会说话,再说,那个老师的情况我知道得实在太少了。从新核桃下来,我就一直在这门口等着,希望能碰到他。可这么多天过去了,一直也没留意到。"怪不得她的眼光总在小区门口瞟来瞟去,过来的每个顾客她都细细打量一番。

她可真是的,小区这么大,每天人来人往的,她这样能等到才怪呢。

"为何要打听这个人?"我问她。

"去年孩子上大学凑不起学费,就急着把家里的核桃早下了,没等着干透就带到城里卖,一开始就在南边那个自由市场上。这个老师起初只要一点,我和他解释核桃不干,也不够天数,因为孩子上大学急着用钱,我才提前拿来卖。没想到,这个老师听了后说全要了,还要我下次多带些,并且问了我下次来的时间。第二次我一来,他就在市场上等着了。那次,我带的特别多,没想到他又全要了,说要寄给在国外教书的儿子,还说那里的人都愿意吃咱这里的核桃。结果,去年的核桃虽然下得早,但也很快就卖光了,其中那个老师买得最多。最后一次,他还多给了我几百块钱,夸俺孩子有出息,说这钱先给孩子交学费,等明年的新核桃下来一定给他留着,算是定金。到处都是好心人呀,要不我一个妇道人家供这俩孩子上大学,哪有那么大的能耐。"

我终于明白,那袋子核桃仁是答谢恩人的。

那天,我向卖核桃的女人承诺,一定给她打听到那个大学老师。女人一边说着感谢的话,一边麻利地从筐子里捧了几大把核桃执意放到我的车筐里,并让我过几天一定来取她单独给我砸的核桃仁。

女人说的那个大学老师,我很快就在北区9号楼问到了。原来,这个老师是曲师大的教授,房子是女儿买的,只是教授老两口今年春天就去了加拿大的儿子那里,什么时候回来并不知道,现在他们的房子一直空着。

教授的邻居说:"这老两口为人真好,时常给邻居们送一些他们吃不了的东西。去年还送给我们家半袋子核桃,说是老家亲戚送来的,吃不了就糟蹋了,让大家帮着吃了。"

我怀着敬意看了一眼教授家的门窗,心想,多么善良的人呀!

我想尽快告诉那个卖核桃的女人,那个老师已经打听到了。只是一连好多天的绵绵秋雨,让山里那个卖核桃的女人一直没有再出现在小区的门口,也许她也在为这个多雨的季节犯嘀咕呢!

(发表于《海南日报》2011年10月30日,后转载于2012年2月《读者》乡土人文版,被光明网、新华网、凤凰网等多家网站转载)

写作小记

女人和她的核桃摊子就在小区门口,朴素的山里人打扮。尽管顾客总是挑来拣去,还接二连三地品尝,女人一点都不计较,总是把剥好的核桃仁放在一边,主动让顾客品尝。然后,女人用一双善意的眼睛看着摊前的这些顾客,讨好地问上几句,注意力并不完全只放在她的核桃上。于是,我注意到了这点,一个关于爱与感恩的故事就写成了。

这是一篇充满正能量的文章,体现了我们中华民族的优良传统。一个平平常常的生活故事,一经发表立即得到读者的喜欢。文章不光被各大网站转载,还被海南省编进感恩故事书中。

素材从哪里来?从生活中来,因为生活永远是写作的源头活水,只要保持一颗敏感与好奇的心,做生活的有心人,引生活之水,就会激活我们的情感世界。

幸福的排骨肉

范姐是我办公室的同事,比我稍大几岁,东北人。前些年,她与老公一起调来山东,话音里至今还有浓浓的东北腔调,而且语速极快,一着急,话儿就一句连一句地紧着来。以前我总认为她性格粗犷,了解之后才知那只是表面现象。

那天,我们在办公室闲聊,从女人出轨谈到夫妻相处的技巧,结过婚的同事不管婚龄长短,都感慨不已。

范姐说:"两口子生活久了,彼此之间就只剩一种相互依靠的关系,人一老什么都退化了,包括夫妻间的感情。"沉默了一会儿,她讲起了自己最近的一次亲身体会。

某一日,外地上大学的儿子回来了,三口之家其乐融融。做了一桌丰盛的饭菜,中间一碗热气腾腾的排骨肉,更是散发着诱人的香味,一家人边聊边吃。范姐端起自己的饭碗,舀了一勺肉汤,又随意夹了一块小小的排骨。老公也将筷子伸向那碗排骨,从里面翻出一块半肥半瘦的排骨肉,慢慢地用筷子夹起来,然后悄无声息地放到了范姐的碗里——那是范姐平时最爱吃的一种排骨。

老公的动作那么自然,看不出一点做作与讨好,范姐先是一愣,抬头扫了老公一眼,老公像什么都没发生一样,低着头继续吃他的米饭。范姐盯着碗中的排骨,感觉眼泪就要流出来了,到嘴边的"谢谢"硬是没发出声来,她赶紧低下头噙着泪夹起那块排骨,默默地享受着老公给她的那份感动和幸福。范姐说,一整天,她都被这块排骨肉感动着,感动得无法用语言表达时,都想骂老公几句。

结婚这么久了,两人每天都围着孩子、家庭、工作转,一些日常的细节和情感上的交流在无形中就慢慢省略、老化了,人也变得麻木起来。平时各自忙碌,又聚少离多,一天下来连相互交流的那点时间都挤没了。范姐说,老公挣钱虽然多,但工作也很累,时常披星戴月地归家,还怕吵醒了睡梦中的她。于是,老公常悄悄地洗刷完了,一个人去孩子的房间睡觉。早上不等太阳露头儿,老公便又匆匆离去了。

那天范姐还说了许多,她最后补充了一句:"吃了这么些年排骨,就这一次觉得最香。"

(发表于《济南日报》2012 年 12 月 17 日)

写作小记

与办公室的同事一起聊家长里短,说的都是各自的家事。然而,我却被其中一个同事的故事深深打动。我认真地听着她满含幸福的叙述,看着她沉醉的表情,脑子里立刻有了一篇文章的轮廓。素材就这么被我小心地收藏到记忆的文件夹里。

为了不让写作的灵感消失,也防止情节有所遗漏,当天晚上我就把素材写成流水账,之后我又进行了认真的组织与文字细加工。成文之后,我发给那个同事看,对方感动不已,觉得自己不过是随口说了这么一件家事,却被我用文字如此生动地还原出来。而且这么详实,简直跟她当时的感受一模一样。

"说者无意,听者有心。"如果生活中真的有什么打动了你,哪怕是一句话、一件微不足道的小事,都能让你找到写作的突破口。可见,观察生活是多么重要,它不只是让你用眼睛看,更重要的是让你用心去思考。思考就像磁铁一样,能吸附生活中很多有意味的人或事,使之成为写作的素材。由此可见,我们面对生活中的人与事,认真思考,是多么重要;及时动笔,又是多么有必要。

有那样一个难忘的冬至

去年的冬至,正好与传说中的世界末日撞车,相信很多人还记得那一天。

有一位大姐,从冬至的前几天就忙着采购食材。她老公和孩子都纳闷儿:这不年不节的,为何买这么多吃的?她也不解释,继续忙她的。到冬至这天,她请了假,包了 20 多种不同馅料的饺子,想在世界末日到来前为他们爷仨包上足量的饺子,让他们一次吃个够。

等老公和孩子们都睡了,大姐悄悄地起来把一盘又一盘煮熟的饺子——

装进食品袋。她想，一旦发生意外，哪怕有一线生机，她也要让亲人把最爱吃的饺子带上。后来她跟我们讲，那个晚上，她两眼盯着窗外，精神高度紧张，特别是零点以后，每分每秒都敲打着她那颗脆弱的心脏，那种煎熬的滋味让她记忆犹新。她计划好了怎样在第一时间推醒老公，再怎样快速地冲进儿子和闺女的房间，她甚至连怎么下床、怎么开门都做了精密的计算。一夜不曾眨眼的她，第二天跟我们讲起这些时，眼里竟满是泪水。她说，那个晚上她想了很多，想得最多的是早些年跟老公吵架吵到差点离婚的那段日子，仔细想想，其实她不必那么斤斤计较；她又想到一双可爱的儿女，她对他们要求那么高，很多时候几乎到了苛刻的地步，她多么后悔没有给孩子们更多一点的快乐。她说，她终生难忘这个特殊的冬至，正是这个特殊的日子让她明白了许多许多。

　　那天，我们学校也过了一个特别的冬至，校领导安排每个办公室都要集中包水饺，一块过这个节日。一应工具和食材都由老师们自行解决，所需费用由学校买单。大伙儿分工明确，忙得不亦乐乎，在这温馨快乐的时刻，谁还会记得世界末日之说呢？老师们大显身手，洗菜的、和面的、调馅的，叮叮当当，大家的干劲堪比饭店里的厨师，说着笑着，只一会儿饺子就满了几盖垫。

　　接下来，两个差不多大的电锅同时开煮。负责煮饺子的老于左右开弓，这锅是牛肉馅的，那锅是猪肉馅的。很快，热气腾腾的饺子就出锅了。"停下，停下，都来尝一尝，先吃点再干！"伙头军老于端着一盘饺子，一一分给大伙儿。干活的人垂着两只沾满面粉的手，都张着嘴等着老于往嘴里递水饺，你一个，他一个，大家边吃边赞叹。"哦，香！""嗯，味道真不错！"大家一边吃，一边由衷地夸赞着。欢声笑语从办公室里不断传出，此刻哪还有谁记得世界末日之说！

　　在那样一个难忘的冬至，大家吃到了那样充满温情的饺子，获得了那样开心的感受。如今，世界末日之说早已过去一年，玛雅人醉酒后所开的一个冷玩笑，让地球人受了惊吓，但也因此懂得了珍惜，珍惜那些世间的美好，不管是人与人之间，还是人与地球之间。

　　（发表于《济南日报》2013年12月30日，改名《"世界末日"的冬至》）

写作小记

　　身边，你经常会遇到一些令你感动的人，也会发生一些令你感动的事，如果这些人与事触动了你，不妨捡拾起瞬间的感动，赶紧将其连缀成文字，哪怕只是记录过程，也加深了你的印象，留下了日后备用的素材，这就是一种积累。积累的关键就在于你要做个有心人,做个勤快人。

此文就是写身边所发生的两件令我难忘的事,围绕如何过冬至,而这个冬至又极具纪念意义,因为那天是传说中的世界末日。写此文前,我把之前发生的两个关于冬至的素材翻出来,加以糅合,集中到一篇文章中。可见,积累对于写文章是多么重要。现在的学生日常写的日记和周记,其实很大程度上就是一种素材的积累!相信若是当年一起过冬至的同事们现在看到这篇文章,一定也会温馨如旧,亲切如初。

爱心也需要鼓励

朋友是一位成功人士,博士毕业后自己开了一家科技开发公司,凭借过硬的技术和敏锐的市场观察力,把公司经营得红红火火。

从农村出来的朋友有一颗博大的爱心。这些年,他不光给年迈的双亲买了舒适的房子,将自己的两个弟弟带出农村,他还积极参与社会公益活动,帮助那些需要帮助的人。

年前,我们一起吃饭,我怀着敬意说起他的这些博爱之举。谁知朋友听了老半天都默默无语,末了叹一口气,说了句很消极的话。我感到诧异,盯着朋友等他解释。

朋友没立刻接那话题,喝了一会儿茶,才慢悠悠地说出心中的郁结:前段时间,他从报纸上看到一则关于一个绝症患者求助的报道,说这个绝症患者自己带着女儿在省城边打工治病,边给女儿挣学费。女儿学习优秀,已考取某重点中学,却因交不起学费而面临辍学。不知是哪个热心人指点,让他们通过媒体向社会求助。

朋友无意间看到这篇报道后,顿生同情之心,决定帮这对父女一把,好让那个优秀的孩子完成学业。朋友通过报社联系到他们,当即捐助了一笔数额不小的钱。谁知捐助之后,若干天没有消息,朋友不放心,便在百忙之中再次打通了那男子的电话。没想到那男子只淡淡地说了句"收到了",竟然连声"谢谢"的话都没有就挂了电话。

朋友说这样的事情他已经遇到很多次,他想不通那些得到帮助的人为何这样淡漠,不感恩也无所谓,可怎么能连句感谢的话都没有呢,好像别人付出的爱心都是应该的。

这让我想起那次坐公交车时遇到的一幕:4路公交车驶到大观园站,上来一位60岁左右的老头,提了一大兜子食品。车上的人很多,一个女孩站起来把座位让给了老头。老头一点也没客气,一屁股就坐了下去,连句"谢谢"都没有。车子到达下一站,女孩被更多上车的人挤来挤去,一个支撑不住便被拥到老头身上。那老头非但没有同情这个女孩,还嫌人家姑娘不好好站稳,挤坏了他兜里的东西。

"爱心也是需要鼓励的。"我们不是非要让付出的爱心得到回报,但是一种精神的鼓励总还是需要的。朋友的感慨不无道理,爱心只不过是一种个人行为,它没有任何约定,我们可以这样做,也可以不这样做。但当你接过别人送来的一束飘香的玫瑰时,为何不表达出你的喜悦,让手留余香的送花人也一块分享更多的快乐呢?哪怕只是一个笑脸,一句"谢谢"呢!

(发表于《济南日报》2012年2月24日)

❋ 写作小记

这篇小文源于一次很平常的饭局,"说者无心,听者有意",朋友的爱心经历一直在我心里翻腾,生活中这样的事情确实存在着。但当朋友说出那句"爱心也需要鼓励"时,我还是敏锐地捕捉到了这一新鲜的老素材。回家后,去掉脑海里那些无用的枝节,直奔朋友那句话的前因后果,稍加润色与调整,没用多少时间就完成了此文,而且还写得相当轻松与自然。

可见,留意生活,提炼生活,抓住有意义的素材,是多么重要。

有些快乐要自找

我有一个老师原在部队做文艺宣传工作,正是风生水起时却意外地因公受伤,不得不转到地方工作。

后来,他去了一家著名的杂志社做编辑。这份差事非常辛苦,不光要编稿、采访,还要出长差。好在老师不光意志坚强,还相当乐观。最让人敬佩的,是他能在孤寂中时不时地找到让自己和他人开心的事。

　　有一次,老师被派到遥远的南方采访,距离他所在的城市有好几千里,列车走了两天两夜还没有到达目的地。他所带的书报已经全部看完,百无聊赖时忽然记起这天正是自己的生日,平时过生日亲朋好友总少不了送他一份祝福。要是现在,短信、电话一定会陪伴他度过孤独的旅程,抚慰他孤寂的心。可那是在20世纪90年代初,像手机、笔记本电脑这类先进的通讯工具根本没有,就连BB机也少见。

　　那时候列车上有点歌节目,老师想了想,随手写了一张纸条交给一名列车员,没想到广播里很快就播放了那张纸条的内容:"8车厢的陈先生今天过生日,他的朋友赵先生希望能点一首歌曲,祝他生日快乐,旅途顺利。"

　　老师姓陈,赵先生子虚乌有,但这并不妨碍一个想要获得快乐的人,哪怕是自己祝福自己。于是,《祝你生日快乐》的甜美歌声也紧跟着回响在每一节车厢里,老师发现车厢里疲劳的旅客们一下子有了精神,不光有小孩子跟着合唱,一些成年人也跟着哼起来。

　　老师心里直乐,很快他又写了一张纸条:"8车厢的陈先生感谢朋友赵先生为他点的生日歌,为表示感谢,陈先生特意为出门在外的赵先生点一首《祝你平安》,也祝他旅途快乐。"纸条递给另一名列车员后,没多长时间,车厢内又响起了《祝你平安》的优美旋律。

　　当时正流行这首歌曲,歌词特别打动那些出门在外的游子,车厢内很快响起了"祝你平安,啊,祝你平安,让那快乐围绕在你身边……"这一次,陈老师自己也不由自主地跟着唱起来。这个时候,谁还会拒绝寂寞中的快乐呢!

　　老师想到列车员一年到头不停地在外奔波,周而复始地做着单调的工作,许多列车员的大好青春就这样一年年消失在孤寂的列车上。他很快又写了一张纸条交给列车员:"8车厢的陈先生,通过这几日列车上的感受,深深体会到旅途中的辛劳,体会到列车工作人员年复一年的劳苦,为感谢N815次的列车长和所有列车员,陈先生代表所有乘客特为他们点一首歌曲《走四方》,祝他们身在四方,平安如意。"

　　列车广播员满怀深情地播放了纸条上写的内容。接着,韩磊高亢的歌声通过车厢的小喇叭,回荡在所有人的耳际。老师看到不远处的那名列车员停下手中的工作,很动容地倾听着。情感的距离,就这么在不经意的交流中一点点被拉近。

　　令老师想不到的是,广播里很快又传来了新的祝福:"N815次列车长和所有列车员,为感谢陈先生和所有旅客对我们工作人员的理解和支持,特为陈先生和大家点一曲车继铃的《最远的你是我最近的爱》，祝远离故乡的陈先生生日快乐，祝大家旅途顺利。""风雨之后，无所谓拥有萍水相逢，你却给我那么多。你挡住寒冬，温暖只保留给我……人生风景在游走，每当孤独，我回首你的爱，总在不远地方等着我……"

老师说，这是他所有旅途中最开心的一次。当他笑着跟我们讲完这次经历后，盯着我们几个学员，意味深长地说："其实人活着就是图一份快乐，有一些快乐是我们自己找来的。"

想想，可不是吗？有很多时候，快乐就是自找的。

（发表于《济南日报》2012 年 9 月 24 日）

写作小记

这篇文章的形成与《爱心也需要鼓励》类似。《爱心也需要鼓励》注重说事，而这一篇更注重写人，着眼点与关注度有了区别，叙述的语言也稍稍做了些调整。我在写这篇文章时适当地加了一些想象，把整个事情的来龙去脉一一还原出来。但因为自己不是当事人，有些细节不好展开，而且在谋篇布局中如果稍微不注意，环节上就容易出现脱节，但这篇文章处理得还是恰到好处的。

善于倾听，及时捕捉生活中有意思的信息，这也是一种极好的积累素材的方法。

耳光在马路上响起

下班回家时，路过热闹的菜市场，看到许多人围在马路边，在一对夫妇的鱼摊前挑拣成捆的咸鱼。我也忍不住凑过去挑选起来，心想大家都买就有可买的理由吧。

忽然听到一阵吵嚷声，抬头看时，见那卖鱼人的老婆大声嚷了一句后，从三轮车上一跃而下，几步就蹿到了几米外一个穿红毛衣的老太太面前。她二话不说，劈手夺下老太太手中的几条鱼，继而"啪"的一声，那双被鱼虾沾过的腥手就清脆地掴在了那个红衣老太太的脸上，又狠狠地抛出一句话："吃不起不吃！大白天就偷呀！"

我呆住了，挑鱼的人也呆住了，甚至路边那些不买菜的上班族们也停下了匆忙的脚步，看起了热闹。

那一瞬，我多么希望红衣老太太能反驳点什么！但老太太只是发了一小会儿的呆，就步履蹒跚地往前走了，连一句给自己辩解的话都没留下，就那么孤零零地在许多像鱼贩子老婆一样尖刻的目光里，默默地、慢慢地走远了。

我一直盯着那团红色远去，却再也没有心情挑鱼，总感觉那记耳光掴在了我的脸上，那个动作不利索的红衣老太太就是若干年后的我。不知道为什么，我一直固执地相信，那老妇人不是故意去偷这几条咸鱼的，她只是忘记了付钱。因为我看她与那些故意赚小便宜的人明显不同，她在被叫住、被夺、又被打的过程中，一直都是很茫然的神情。又或许，是我看人走眼了？

回家把这事说给老公和孩子听，也将心中的纠结一并扯出。

老公说："说不定那老太太就是个惯偷呢！"我很不服气，说这红衣老太太应该也像老公的母亲一样是个爱忘事的人。我甚至举例，自己买菜时也常常提了菜就走而被卖菜的叫回来补钱，那我不也成了"惯偷"？

孩子也说出了自己的观点："鱼贩子虽然不容易，但抬手就打一个老人也很过分，何况她还抢回了自己的东西！"我对孩子点点头，郁结释然。孩子虽然没有认定老太太就是故意不付钱，但她对鱼贩老婆的行为却表现出极大的不满。

如果你老了，老得不是忘东就是忘西，老得交了买馒头的钱却没拎走馒头，老得拿了人家的菜却忘记了付钱，被人家追到跟前，又被狠狠地数落一顿，甚至被卖菜的人当成小偷，或者也在众目睽睽之下往你老脸上掴上一个大嘴巴，年老的你心中会是什么滋味？

我从小就没好记性，常被家长、老师奚落。长大后，我更是丢三落四，大小的东西都丢过，甚至还丢过比钱更重要的东西，被老公和孩子数落是没脑子的人。

所以，看到那个老太太的遭遇，我就想到了自己，如果我也能活到老太太那把年纪，说不定也要被掴耳光呢！

（发表于《济南日报》2013 年 4 月 8 日）

写作小记

这是我亲眼目睹的一件事，由这件事情联想到若干年后的自己。因为真切，所以深刻。说真心话，这篇文章既不是谴责谁，也不是同情谁，而是对年老后的自己产生了一种恐惧心理。事情的发生只在一瞬间,却深深地刺伤了我这颗极爱忘事的中年人的心。

社会是座大熔炉,一些不期而遇的事情,常常会拷问着每个人的良知,只要多留意、多思考,总会发现一些值得深思的东西。做一个生活上的有心人,只要想写,笔下就永远有可落笔的内容。

沉重的核桃糕

周末,带女儿去学习,回来的路上竟鬼使神差地凑到了路旁的流动小摊前——一个新疆人卖的类似年糕的东西,让我们娘俩儿看着嘴馋。

"这个多少钱一斤?"我指着诱人的核桃糕,问摊主。

对方含糊不清地说了一句,听着像是"十四块五"。我又问了一遍,对方依旧叽里咕噜,但我听明白了,不是十四块五一斤,是四块五一两。

好贵呀!也就是说一斤就要四十五块钱呢!

想想,那就少买一点吧。我对那个新疆人说:"你给我们切一小点点吧,十块钱就中!"

新疆人看看我,嘴角露出莫名的笑意,刀按在核桃糕上,用清晰的带着新疆味的普通话说:"你说要多大,我就给你切多大!"

我说:"你给我切一点就行,十块钱左右吧。"可摊主非要让我自己比画一下。我就随意比了一块比小拇指甲还窄的宽度,又跟他强调了一句:"可不要切多了,一点点就行。"

摊主边切边说:"切多少就得要多少,要不没人愿买切下来的!"我想又不要多,不就一点吗,多出个一块两块的我也是能接受的。

结果,这新疆摊主狠狠地一刀下去,刀锋又往里偏了一点。一称,好家伙,竟二斤多呢!妈呀,我实在难以相信自己的眼睛,这东西也太压称了。"二斤还多半两,就收你二斤的钱吧!"摊主麻利地给我装起来,等着收钱。

我立马傻眼了。这么大一块肯定要不了,再说我兜里也没带这么多钱!

我抬头看着摊主,这个新疆人的脸上有条明显的刀疤,此时"刀疤脸"正得意地望着我冷笑呢,连脸上那道疤痕似乎都跟着欢快地跳动起来。

我说,我要不了这么多,只要十块钱的。"刀疤脸"一听立刻把脸拉成了感叹号,说话也清晰得不能再清晰。

"你不要的话我把这卖给谁?这可是你自己比画的!我们大老远地弄来本身就赚不了几个钱。你看这核桃仁,这杏仁,还有这枣,全是我们从新疆拉来的。要不给你算四块钱一两吧!"

我知道自己已没有退路,便开始从包里掏钱,所有的夹层都翻过了,连五角一角也全加起来,还是没凑够八十块钱。完了,这次算是掉进屎坑了。

我强压着火气,跟"刀疤脸"套近乎。问他这东西叫什么名字,是怎么做出来的,又是怎么运来的。套到最后,"刀疤脸"一直紧绷着的表情总算缓和了一些。他用相当夸张的语气跟我说,这是核桃糕,由 18 种果仁制成,制作工序是相当麻烦的。

我从鼻子里"哼"了一声,心想:"还核桃糕呢,不就是上面那一层有点核桃吗?下面几乎全是花生米、红糖胶,说不定连核桃都是我们当地的。"

但我还是恭维了两句,最后又说了些好话!

最后"刀疤脸"终于放行了!他说,他可以吃八块钱的"大亏",主要是看在我确实没钱,孩子还急着上学的份上。

就这样,我用七十二块钱买回家一块高价新疆糕,也买回了一肚子的怨气。

(发表于《打工知音》2013 年第 7 期)

写作小记

这样的事情,可能你也遇到过,只是纠结之后很快淡忘了。而我却用文字认真地写了下来。写作的时候并没有其他的想法,只是觉得这件事是个教训,写出来警示自己。

后来看到《打工知音》有几个版面的文章全是类似的生活小文,一时心血来潮,翻出这篇文章,稍做改动,就发了出去。这篇文章见刊后,引起了很多读者的共鸣,因为他们也都遭遇过"新疆切糕"的黑手。

如果没有及时的积累素材,这样的事例过上一段时间就会慢慢忘记,以后再想描写具体的情节也就不太可能,而且当时的感受与平静后的感受也是极不相同的。如果不及时捕捉住当时的心情,以后写出来的东西就会显得空洞,而我这篇《沉重的核桃糕》就是事发当天写成的。可见,及时的积累素材是多么重要。

张保安的幸福新年

张保安从部队退役后,没过多久就当起了英才学校的一名保安,他军人的英姿和帅气的外表,很快成为学校的一道风景。

特别是上学和放学的时间,张保安身着保安服,腰扎武装带,手提橡胶警棍,威武地站在校园门口,密切注视着校门口50米内的区域。他那挺拔的站姿和专注的神情,跟学校值勤的其他人形成鲜明的对比。也难怪,那起让全国人民震惊的校园门口重大伤害案,迫使各级教育部门纷纷下达安防措施,于是各中小学的传达室里就多了这样全副武装的保安。

张保安原本可以找到更好的工作,但不知为何,他对保安工作产生了浓厚的兴趣,他曾在一本杂志上看到这样一句赞美保安的话:"保安就是维护一方平安的万里长城。"张保安一下就找到了自己的人生价值,只要往校门口一站,他就是这所学校的长城,这话他不光在心里想,还成了他的口头禅。他选择在学校当保安,也有他个人的想法:上学那会,自己没有好好学习,等明白了,想学的时候,已经失去了学习机会。现在给学校做保安,固守学校的一方平安,让孩子们安安全全地上学、放学,他心里也能平衡许多。

元旦放假三天,新年这天正赶上张保安值勤,他一大早起床,和老婆匆匆忙忙地吃了点早饭,就兵分两路各自上班了。

张保安放下摩托车时,值夜班的于师傅刚巧出来倒水。

于师傅往值班室里瞅了一眼,又早来一刻钟,这小伙就知道体谅人,每次与别人交班他总是早来晚回,碰到同事家里忙的时候他还主动替班。

两人打了个招呼,于师傅就开开心心地回家了。

张保安换好保安那套行头后,打开值班室的窗子,倒掉了烟灰缸里的香烟屁股,清扫了地面,整理好信件、报纸,值班室一下利索了很多。今天学校放假,没有老师、学生进出,校园显得一片寂静。张保安给自己倒了一杯茶,开始翻看昨天的报纸。

一辆小车在学校门口停下,校长的脸从车窗内探出:"小张,开门!"

电动大门在张保安的操纵下,先开又合,然后张保安走出值班室。校长是来拿开会资料的,临走时他拍拍张保安的肩膀,很真诚地表扬了张保安几句,就匆匆离开了。张保安继续他的值勤任务。

没多久,又来了一个女学生,后面跟着仨男生,说有什么东西忘在教室了,过来取一下。张保安看看女生,又看看后面三个穿着时尚的男生,感觉这几个男的脸面陌生,不像学校的学生,细问了一下,果然是早些年毕业的。张保安想了想,委婉地拒绝了。但女生不愿离开,一直与张保安磨唧,那几个男生也跟着起哄。张保安就一直耐着性子给他们解释,虽然最终劝走了他们,可其中一个男生撂下的一句话伤得张保安不轻。那个男生轻扬着眉毛骂骂咧咧地说道:"一个熊保安还这么牛逼!"

张保安一愣,眉头挑了挑,但他还是忍住了,看着他们一直走出自己的视线。

整个上午,张保安的脑海里一直回放着那个男生不屑的眼神和轻蔑的话语,他甚至还跟自己生了会气:一个小孩的话又有什么,不管怎么样,自己都是这学校的"保护神"。校长刚才还说过,自从学校有了他们这几位保安,安全隐患少了很多。保安是什么?保安就是固守一方安全的长城呀,在乎小孩子那句话干吗!

这样想着,张保安心里又亮堂起来。

临近中午时,老婆打来电话,说她公司老总开恩,元旦放假半天,要回家给张保安包水饺。张保安心里洋溢着幸福。老婆对自己真好,疼他,也体谅他。

"不用了,你不是很想买双皮靴吗?今天有空就去商场转转呗,水饺吃不吃无所谓!"张保安心里甜蜜着,嘴上却想到了老婆的皮靴,"我工资卡放老地方了,你自己取钱看着买吧!"这年月,老婆高兴了,老公才有幸福感。

老婆的快乐在电话里暴露无遗。放下电话,张保安收起笑容,他看到主任老高骑着电动车停在学校门口。张保安打开门,老高却没进来,向他招招手,张保安走出值班室跟老高寒暄起来。他们俩是棋友,张保安不值勤的时候,他们会在放学后,去老高的后勤办公室里对弈两局。老高的棋艺比张保安略逊一筹,老高就对张保安怀了三分敬意。在学校里所有下棋的老师中,老高的棋艺最棒,连两个下了几十年象棋的副校长都是老高的手下败将。棋逢对手,没想到,年纪轻轻的张保安却成了老高的棋师!

老高从车筐里拿出一个饭盒,说:"给,你嫂子刚包的饺子,早上碰到校长说你一个人值班,我有事路过这里,就顺便给你带了些,中午你就不用热饭了。"

张保安接过来,一时感动得不知说什么,"嘿嘿"地笑了两声,看着老高的背影一点点远去。

下午六点半的时候，接班的老杨才哼着京剧唱段来到学校。他瞅了瞅擦得亮堂堂的玻璃和干净的水壶，看看收拾得整整齐齐的书报、干干净净的地面、利利索索的桌面，连平时签到用的桌子都擦得一尘不染。老杨还看到自己常用的茶杯里正冒着缕缕热气，心里不禁一下热乎起来。

"你小子可真能干，瞧你收拾的，真干净!"老杨冲着张保安由衷地表扬道。

张保安也对老杨笑了笑，示意他："茶水，给你沏好了!"

电话响起来，是张保安的老婆打来的，说自己的新皮靴已经买了，还有他爱吃的三鲜水饺也包好了。

张保安对着电话，幸福地"嗯"了两声，和老杨打了个招呼，就骑上摩托车驶进了渐浓的夜幕。

（发表于《中国保安》2013 年 1 月）

写作小记

自从一些学校门口发生了几起伤害学生的恶性事件后，各学校都不同程度地加强了安全防范力量。我们学校以前的值班室只有一个大爷负责看门，现在增加了两三个保安，非学校工作人员与本校学生，再想随便进出学校已不太可能，保安们都尽职尽责。

学校的报刊通常是邮递员先送传达室，我常常去传达室翻阅报刊，慢慢地就与学校的保安熟了。有个保安很年轻，经常跟我聊起他们的保安生活，还跟我讲他的故事，后来就有了这篇文章。

这是一篇非虚构作品，但又不完全是我熟悉的那个保安的故事。虽说写作离不开生活，有时候也不能把现实生活中的故事完全照搬下来，应该根据内容需要有所取舍，有些人和事还要做适当处理，以避免不必要的麻烦，但所叙述的事实基本不变。

爱情屌丝

爱情是他的信仰。早在上大学时他就跟哥们宣称，没有爱情决不盲娶。

工作不到一年，他却结婚了，婚姻与爱情无关。

妻是单位一把手的千金，据说是一把手的夫人亲自相中他的。

"丈母娘看女婿越看越顺眼。"因为顺眼，没等转过年，婚事就办利索了。那时，他刚刚与谈了三年的初恋情人分手，感情的温度还在唇间、指上流转。没想到一转身，他就成了一把手的金龟婿。

参加婚礼的同学，戏谑他言不由衷。他笑笑，一口就把大半杯白酒灌进肚中。

并非是他言不由衷，是当下的现实把他逼进了人生的窄胡同：初恋情人的爹妈一直就不看好他，嫌他没房、没车，更没有钱，爹妈还在郊区住。那时候，年轻的他还异常自信，信誓旦旦地答复恋人的爹妈："只要爱情有了，什么也就有了。"此言一出，立马被恋人的爹妈抢白了一顿。

恋人虽然表示自己决不那么世俗，可终究难抵家人日复一日的思想渗透。那一次，他就亲眼见到了恋人与她留学国外的发小在广场上散步。

失望之余，痛苦之余，他慢慢有了放弃的想法。

不管恋人怎么解释，他都听不到心里，总觉得娶她是个很长的破折号。恋人不想分手，可是他一直咬住那天看到的事实不罢休，恋人终于恼了，赌气不再理他。他呢，也不再主动联系对方。爱情就这样慢慢地进入了冰雪期。其实，他俩都是冬季雪底的麦田，情感都在心里雪藏着。

他终于熬不住了。某日，抽了一晚上烟的他，找到初恋情人，郑重地提出了分手。那天，不管恋人用什么话刺激他、挖苦他，他都不理会。最终恋人绝望了，狠狠推了他一把，哭着跑回了家。

某一天，他无意听到初恋情人要去国外读书的消息，心里像打翻了的调味瓶，各种滋味混成一团。那天，他狠狠地摔碎了手中的杯子，与朋友喝了一晚上的酒。只说工作不顺，却只字未提感情的变故。

从那以后，他们之间的故事再没后续。

很快，他成了单位一把手的女婿。那时候，他答应这桩婚事时愤愤地想：

"三条腿的蛤蟆没有,两条腿的女人多的是。"

他于是结了一个非常风光的婚。

十年过去,他得失尽偿。妻没文化,不能生育。但是妻的娘家用另一种方式弥补了他的缺憾,让他在十年的时间里成为一把手最得力的接班人。

很多人羡慕他裙带路线走得准,走得稳。

他也以为此生就这么一直走下去了——一个没有欢喜也没有悲戚的家,家里有个没有共同语言的爱人,还有一个与自己没有血缘关系的女儿。

不想,在一个休闲娱乐场合,爱情却再次叩响了他的心门。

这是一个高级私人会所,集休闲、餐饮、娱乐于一体。前几次都是一把手带他来的,后来是他自己来,等他成为准接班人后,他已经是这儿理所当然的常客。

会所有个女孩让他过目不忘,那女孩太像一个他曾经熟悉的人。

正是这个女孩的出现,他发现自己对初恋情人还没彻底忘干净。点点滴滴,还都尘封在心底呢。那次,一向矜持的他主动与女孩攀谈起来,竟然意外获悉,眼前的女孩就是当初恋人的姨家表妹。表妹说她表姐并没有出国,也就是说他当初的恋人并没与"海归"发小结缘。因为双方是至交,他们从小和兄妹一样相处。女孩还说,表姐根本不喜欢那个哥哥。

冥冥之中,他觉得当年是自己过于武断了,是他的敏感和多疑葬送了一段可以发展为婚姻的爱情。想起分手时初恋情人的伤心模样,他后悔当初错误的判断,错误的选择。

枯萎的青春慢慢复活了,他将着时光的线头,一点点地反思。错过,究竟是年少的意气还是青春的叛逃?

又过了三年,单位改制,三个单位合成一个,他的一把手位子不复存在。他便借此离开了单位,不知去向。三年后,他回到家里,给了妻女一大笔钱,然后离婚。再没回来。

在一个很远的小城,他再次娶妻生子,独自经营着一家民营小工厂,生活平静而幸福。

新妻是他初恋情人的姨表妹。

（发表于《现代文秘》2014 年第 2 期,推荐至《晚报文萃》2014 年 10 月）

写作小记

　　这个故事,一半写实,一半虚构。素材来自一次同学聚会,文中的他,即A同学前期的基本经历。但那次A同学并没有参加聚会,大家很久都没联系上他,他的故事只在同学间相传,互传的故事毕竟只是故事,但A同学毕业时的豪言壮语是确有其事的,找了单位领导的女儿做女朋友并在当年就结了婚也是真实的,至于后来离婚又结婚则没有确凿的人证,所以只能说一半真实一半虚构。

　　这个故事,不管是真实还是虚构,都有一定的社会存在性。有人说:"人生其实是一场修行,谋生亦谋爱,这场旅途,有时候靠脚走,有时候靠心走。"照这样说,A同学是真的做到了。

　　小文构思新颖,谋篇布局巧妙,语言简洁,故事性较强,有一定的吸引力,尤其是题目。看来,材料的巧妙取舍与题目的设立对写文章是很关键的。

落在心上的巴掌

　　梅是我办公室的同事,工作之余,我们喜欢交流一些家庭生活和教育孩子的话题。

　　梅的老公是个出色的律师,她的孩子也和她爸爸一样喜欢博览群书。孩子虽然上学偏早,学习成绩却很优秀,而且还特别善解人意,生活中爸爸和妈妈偶尔发生点小冲突,她也能巧妙地一一化解。

　　我和梅愿意交流,是因为她女儿和我女儿年龄差不许多,我们都希望在教育孩子上相互有个参照。

　　一天下午,我俩都没有课,就在办公室里聊起孩子。

　　她说,她昨天晚上打了孩子一巴掌。我一惊,问道:"这么乖的孩子还舍得打呀?"

　　梅看我一眼,开始讲述事情的经过:晚饭后,他们三口照例先休息了一会儿,然后又一起看了会儿新闻,接着上初中的女儿自觉地起身去写作业了。梅和老公关小声音,继续看着电视节目。过了一会儿,梅像往常一样倒了一杯水走进女儿学习的房间。本来女儿正低头认真地写着什么,听见梅走进来,赶紧合上了文件夹。梅觉察到女儿的异常,装作没在意,看着女儿一口气将水喝完,接过杯子就走出房间。又过了一段时间,清理完厨房卫生的梅想:这个冬天一直干燥,应该冷的时候不冷,应该下雨雪的时候不下,病菌增多,被病菌找上门生病的大人、孩子实在太多了,办公室里就有好几个同事的孩子,因为感冒比较厉害而耽误了上学。她心里琢磨,还得让女儿多喝点水,于是就又倒了一大杯水走进女儿的房间。孩子这次可能太投入了,低着头一直在写着什么,又画着什么。猛然听到脚步声,女儿急忙以最快的速度合上了文件夹,双手接过梅递过来的杯子,又是一饮而尽,说了声"谢谢妈妈",然后静静地等着梅离开。这情景让梅疑心大了起来,女儿从前没有这样的表现呀。她感觉女儿一定有什么事瞒着她,不由得多了几分气。

"你是不是有什么事不让妈知道?"梅对着女儿说,眼神却在文件夹上画出了一个大大的问号。

"没有,写着作业呢。"女儿看了她一眼,害怕梅不相信,又小声补上了一句,"有的作业不是很好做。"

"那你还不赶紧问问我和你爸,我们又从没熊过你,紧张什么?"梅伸手拿文件夹,"我看看是什么样的题呀!"

女儿一把按住蓝色的大文件夹,急急地说:"不用,不用,我自己慢慢想。"

梅一看这阵势,越发认定女儿一定有什么事瞒着她。

"今晚我就非要看看是多么难的题!"梅提高了声音,又把手伸到女儿面前。

"我不想让你看!"女儿双手抱着文件夹,"腾"地一下站起来,站在离梅一步远的地方,望着梅,眼神里多出了一些乞求。

女儿的坚持让梅终于忍不住了,她靠前一步,"啪"的一声,巴掌毫不留情地落到了女儿的后背上。女儿一抖,手中的东西"哗啦"一下掉到地上。向来不喜欢对孩子动粗的梅,不由自主地哆嗦了一下,但她很快抢在女儿弯腰前快速地抓起文件夹,迫不及待地打开。

梅一下子怔住了!

一张快画完的漂亮的生日贺卡呈现在她的眼前,一行娟秀的字迹刺痛了梅的眼睛:祝妈妈生日快乐!"快乐"两个字用美术体写得很大、很漂亮。

梅心头一热,鼻子一酸,自己的生日就要到了,女儿是在给自己赶着做贺卡呀!

"我想在妈妈生日之前把它做出来,到时候好给你一个惊喜,可是你非要提前知道。"女儿委屈地撅起小嘴,眼睛溢出了亮晶晶的泪珠。

"对不起!"梅轻抚着女儿的背,重复了许多遍。

梅和我说昨晚这事的过程，表情是幸福的，但语气尽是自责。其实，还有很多父母和梅一样，希望自己的孩子像水晶人一样，看上去是透明的，能让大人看得明明白白，不存丝毫秘密，只有这样，才能让做父母的放心。

望着梅的脸，我也陷入一种沉思：为什么我们做父母的就不能给孩子一个盛装秘密的心灵小空间呢？事实上，每个孩子在成长的过程中都会有一些属于自己的小秘密，而这恰恰说明孩子在成长，而我们做家长的又常常忽视了这一点。

（发表于《文化平度》2012年9月）

写作小记

工作之余，同事之间也会聊一些家长里短，只要有心，总能从他们那里得到灵感。一件不经意的家事，一句意味深长的话语，一次意想不到的举动都能成为笔下的素材。这篇文章就是同事的亲身经历，因为感同身受，我写起来也就很轻松。

写作中，有些事情不一定都是你的亲身经历，但一定是生活中曾经发生的，这是一种间接经验的获取。我们的生活领域并不宽广，不可能事事都要亲历，但我们写作的内容必须丰富，这就要求我们一定要做生活的有心人，及时捕捉那些耳闻目睹的事情，把那些在第一时间深深触动过你的事情用心记录下来。即使一时不能成文，也要好好保存在大脑记忆中，等到需要时这些素材就会一一浮现于眼前，任由你选择。

夏日，一道最美的风景

夏日。我怀揣着梦想，来到还在建设中的西客站，寻它未来灿烂的美景。

在大片满是作业机械和建材的工地上，我看到了许多忙碌的身影，那橘黄色、火红色或天蓝色的安全帽，构成了工地上一道美丽的风景！

在工地上，我看到坚硬的水泥地板上，工友们挽起的裤腿上尽是黄色的泥土，黝黑的脸膛上不停地淌着汗水，他们正将一大捆钢筋打开，几个人操控着电锯，切割与焊接的火花在眼前欢快地迸溅。橘黄色的安全帽下，脸上的汗水如同雨水一样淌个不停。他们先拉开、截断，再用一根根镀锌铁丝如绣花一样，将钢筋与钢筋绑在一起，只一会儿的工夫，一个铁与铁牵手的网格钢笼便骄傲地躺在他们的脚下。我看见那一个个黑红的脸庞上充满了对杰作的愉悦，他们伸手抹完了汗珠，才想起扯肩背上的毛巾，然后抓起身边的塑料大水杯，"咕咚咕咚"地喝几口水，又继续下一轮操作。

　　站在一侧的我看了很久很久，当我的相机镜头对准他们时，手竟然不由自主地有些颤抖，我怕照不出他们灵巧的双手、执着的劲头，我的心也随着他们起伏、跌宕。我想，我的相机镜头会深情地记住他们，记住他们为新生活而付出的劳动。

　　工地负责人兴奋地对我们讲着西客站的宏伟前景："建成后的新客站将拥有立体的交通体系，建筑群体将地下、地上交通和公共空间贯穿起来，同时又与城市街道、地铁、停车场、快速公交、市内交通等设施有机相融；它将拥有现代的城市景观与宜人环境；拥有高科技、高智能、前瞻性的集成设施和基础配套设施。"

　　主要负责人边说边用手指着场地，一点点告诉我们交易中心的位置、会展中心的地点、文化中心的方位以及商业中心的布局。他说："西客站建成后，人们会在十五分钟内到达市区，三十分钟内到达大学城，一个半小时到达北京，两个半小时到达上海。"我们静静地听着，眼前仿佛已是建成后正在投入运行的西客站了！

　　要离开这片正在建设中的工地时，我看那些橘黄色、火红色和天蓝色的安全帽在眼前不断地交错辉映，如一株株朴实的庄稼正抽着激情的茎干，回报着土地的恩情，回报着所有泉城人的关爱和热切的期盼。

　　在这个宁静而热腾腾的夏日，我见证了西客站建设工地上由红、黄、蓝、白构成的最美风景！

（发表于《山东工人报》2010 年 7 月 31 日）

❀ 写作小记

　　这是早些年写的一篇文章，当时的西客站正在建设中，九三学社济南市委员会组织部分社员去工地慰问。正值炎热的七月，看到工人们挥汗如雨的劳动场面，我深受触动。回家后有感而发，就写了这篇文章。老公也从事这一行业，他看完这篇文章后非常激动，脸上露出了一种被理解的快乐与幸福。

一晃五六年过去了,如今的西客站早已投入使用,极大地方便了南来北往的客人,西客站的周边也相继建起了与之配套的豪华设施。每当我经过西客站,眼前就会情不自禁地回忆起几年前在这片土地上播撒汗水的那些普通劳动者。

本文以景衬人,同时抓住有代表性的人物来写,并对这些人物做了细腻的刻画,以期达到更形象、更逼真的效果。场面描写与典型描写相结合,使夏日的这道风景更加生动与真切。

花盆里的人生

婆婆一向喜欢栽花种草,大大小小的花盆里全是没有具体名字、普通得不能再普通的花草,一年四季都是绿肥红瘦、深深浅浅的草本植物,它们几乎占满了旧家阳台的整个空间,这曾引起我许多的不解和不满。

我也曾偷偷地扔掉一些最不养眼的花盆,可过一段时间竟又多出新的花盆,还白白惹婆婆不高兴了一场,后来也就索性随她在有限的空间,继续发展花草市场了。

今年八月,我搬了新家,婆婆带着她精心挑选出来的几十盆花草一起搬了过来。那一个个深灰色的陈旧瓦盆,与我新家的布局是那么格格不入。帮忙搬家的小伙子说了不下十遍:"这样的花和花盆还要它做什么?"

可是,婆婆却当它们是宝。我曾暗暗想过那可能是她的精神寄托,因为早已去世的公公也喜欢这些平凡的花草。

朋友说新家是需要绿色点缀的,可以去除装修的余味,还可增加视觉的观赏效果,但决不是婆婆养的赖儿吧唧的花花草草。

理所当然,新家的前后露台就成了婆婆安置她所爱花草的根据地。

对此,先生没辙,我更无可奈何!

一日,朋友送来两盆花树:一盆巴西木,一盆我最喜欢的绿萝。红红的丝带挽成一个精致的花朵系于树桩之上,衬着浓绿油亮的叶片,既养心也养眼,让我心花怒放,一时间感觉室内的空气清新了许多。

只要在家,我都不由自主地在这两棵花树前凝神。按照朋友的交代,我定期给它们浇水,期间婆婆也一直小心地帮着侍弄,但她却对它们能否一直旺相下去表示怀疑。

一天,放学归来,我发现巴西树底部的叶子像被抽了筋一样,失去了往日的精神。急找原因,说浇水过少,于是改为三两天浇一次。可后来发现叶子还是蔫蔫的,咨询卖花的,说不行就换换盆吧,可能是盆太小存不住水的原因。于是小盆就换成了大盆,心想,以后就会好了吧。

国庆节放八天假,我回了老家一趟,回来的路上一直惦记着病恹恹的花树。急急赶回家,一看,心先凉了半截,巴西木的叶子黄了好多,连绿萝新发的小叶都成了黑色的。婆婆站在一侧,一脸的诚惶诚恐,一边解释自己做的努力,一边分析着原因。

当夜,上网查了许多资料也没找出具体缘由,郁闷至极,信步到露台上透了口气。夜色朦胧,眼前高楼林立,窗外橘红色的灯光在楼前楼后遥相呼应,楼底下密密麻麻地停满了各式各色的私家车,柔和的路灯导引着夜归的行人,小区里一片静谧、安详。

秋夜有些清凉了,我随手扯了件衣架上晾干的外衣,在婆婆抽烟喝茶的专座上坐下。婆婆那些不起眼的花草就在我眼前高高低低、上上下下地排列着,虽然看不清具体的颜色,但平静中充满活力。这都是最简单也是最平凡的花草,它们在自己的一方小小的天地里,因主人的热爱而满足地存活着,淡淡地生长,又淡淡地逝去。婆婆从没担心过它们的死与活,因为它们也没有过多的要求,活得极其简单。我想,这段时间婆婆呵护两株花树的紧张心情,一定远远超过了她养过的所有大大小小的花草,她的忧虑和惶恐一定不比我少。

生活中有些事情想得越简单,心情也许越轻松,我开始若有所悟。

若是以花来自比,我想我是成不了花树这般富贵的,即使有不甘平庸的心,也无多大的作为,一辈子都在没心没肺地撑着自己的人生。

我是属于婆婆那些灰色瓦盆里只醉心于眼前生活的凡花凡草,在自己喜欢的空间里漫不经心地书写着生活的章节,在我狭窄的圈子里,在我小小的花盆里淡然地、不失自我地发展着自己。

婆婆的钟爱让她的花花草草在简陋的花盆中实现着自身的价值,我也在自己的小生活圈子里,随心过着我的人生,一如那些瓦盆里普通的花草,实现着一个普通人平凡的梦想。

(发表于《潍坊日报》2011年1月2日)

写作小记

　　不是所有人的生活都那么光艳夺目,平凡而简单生活着的人还是占了绝大多数,就像那些生长在瓦盆里的花花草草。这是一篇极为生活化的小随笔,从眼前的景物出发,抒写了内心的感悟。寄情于山水,寄情于花草,大自然有包容一切的神奇力量,而且各有所长,各有所好。婆婆用心呵护的并没有得到如期的效果,而不被关注的那些花草却能顽强地生长。可见,选对合适的对象是多么重要。

　　本文观察细致,情感细腻,借阳台上的花草表达了内心的情感,直到结尾方揭示出文章主旨。告诉我们,只要内心充满梦想,不管那梦是长远还是短暂,执着地追求下去,生活就会别有洞天。

老家的煎饼

　　我爱吃煎饼,尤其喜欢吃老家的手工煎饼。

　　老家在鲁东南一个普通的小山村。那时候,村里没有现在这么多做生意的,祖祖辈辈靠二亩山地吃饭。最高产的农作物是地瓜,人们的主要饭食是煎饼。

　　我记得小时候吃的煎饼,是地瓜干做的。那时候成堆成堆的地瓜从土里刨出来,用铡刀切成薄薄的片,摆在秋日的阳光下,晒得又干又硬,远远看上去就像下了一地白霜。干透的瓜干用"吱吱扭扭"唱歌的独轮车运到家里,入囤后就成了家家户户一年的口粮。

　　那时候家家都穷,吃不起细粮,只能吃地瓜面煎饼。因此,烙煎饼就成了我小时候常干的活儿,至今印象深刻:取上几簸箕硬邦邦的地瓜干,放进一只很大的瓷缸或瓦盆,倒满水,浸泡一夜,第二天一早捞起来控干,到村磨坊加工成糊糊后,就可以点火烙煎饼了。那时候为了方便,家家都有铁鏊子,安放在用泥巴糊成的大炉子上。一个人负责烧火,另一个人负责摊煎饼。两个人一边说着话,一边干着活。烧火需要技术,火候恰到好处,煎饼才会受热均匀,烙出来才漂亮。

　　我从十一二岁就开始学烙煎饼了。那时候一双小手常被热糊糊烫得疼痛难忍,后来慢慢就适应了。刚开始技术差,烙出的煎饼不是厚了就是薄了,常遭母亲数落,后来越练越好。

那时候,临近春节各家都要准备很多煎饼,一进腊月门,家家户户就开始这项工程,人口多的人家要烙好多次,一直吃到来年的三四月份。烙煎饼是又脏又累的活儿,有时候要一整天都窝在鏊子前,老家人只要看到谁身上灰多衣服脏,准会调侃一句:"你刚从鏊子窝里出来吧?"

生活条件慢慢好转后,老家人吃的煎饼已不再是纯地瓜干了,偶尔掺一些玉米或高粱,有时还会掺一些麦子,但还是以地瓜干为主。生活水平大幅度提高后,粗粮与细粮的比例就逐渐倒了个儿,开始以麦子为主,瓜干为次,还有的索性不再加地瓜干。现在更方便了,全部用机器来操作。

外地人都知道山东人爱吃煎饼,但他们只知道煎饼抹酱卷大葱好吃。其实,在我老家煎饼的吃法有很多,煎饼可以无所不包。

煎饼包小豆腐是最常吃的一种。用萝卜缨子和豆浆渣做一锅小豆腐,再拌一盘辣椒小咸菜,用煎饼包上小豆腐和辣咸菜,保准你肚子撑得滚圆,嘴巴还想再吃。

煎饼卷小菜也是最通常的吃法。炒好的青菜,夹到煎饼里,边吃边喝着热热的棒子面粥,一会儿就让你连吃带喝出一身大汗。

记得我上小学一二年级的时候,因为考试成绩得了双百,母亲特意给我煮了两个鸡蛋,用煎饼卷起来,里边再放进点咸萝卜条——这应该是我印象中最难忘的奖励了。

更小的时候,母亲还给我们用煎饼卷过红糖,害怕把糖撒出来,母亲还用黑线缠了几圈,我们姐弟几个吃得可带劲了。那时候的农村孩子从小到大没有整过牙,但也没一个长成畸形的。这也许跟吃煎饼有关吧!

到了20世纪八九十年代,老家人基本不吃煎饼了,主食也陆续变成大米、馒头。偶尔吃几回煎饼,也是为了调节肠胃。

现在,听说老家人又开始流行吃煎饼了,他们知道多吃粗粮对身体好,吃习惯了大米、白面的牙口,不经常吃点硬东西还真退化了不少。有些人听说多吃地瓜不仅长寿还能抗癌,他们又一窝蜂地晒起地瓜干,支起了原来用的老鏊子。

前些天侄子来济南出差,顺便带来一大包煎饼,说是用麦子、玉米、小米外加最好的地瓜干加工而成的,说我肯定喜欢。果然!刚打开食品包,我就闻到了久违的地瓜香,迫不及待地抽出一张,进厨房夹上些青菜就吃。女儿看见,撇着嘴说:"有什么好吃的!"

我看她一眼,想解释,又闭了嘴,说了她也未必能懂!

如今,每当捧起老家的煎饼,就像捧起那些难忘的岁月,无论尘世的变化有多大,我还依然爱吃老家又香又筋道的煎饼!

(发表于《散文福地》2011年第4期)

✿ 写作小记

生活中总有一些难忘的记忆,或人或事或景或物。本文就写了一种难忘的食物——煎饼,字里行间透出我对煎饼的深厚感情。本文以时间为线索,写了不同时期制作煎饼的材料及人们对煎饼的态度。结尾写道:"如今,每当捧起老家的煎饼,就像捧起那些难忘的岁月,无论尘世的变化有多大,我还依然爱吃老家又香又筋道的煎饼!"直抒胸臆,表达出对煎饼更直白的感情。

贫穷是一种记忆,也是一种经历,它深刻而难忘;贫穷又是一笔财富,只有经历过才知道人生还有这么一种生活方式。吃煎饼的日子是难忘的,有多深的记忆就有多深的体会。

两只难忘的狗

老公有早睡早起的习惯。有一年深秋,也就是早上四五点钟吧,他听见有敲门的声音。打开看时,吓了一跳,只见一只肚子鼓鼓的白色母狗站在对门邻居家门口。听见开门声,那只狗也吓了一跳,瞪着眼紧张地盯着老公。老公赶紧关了门,心中充满了疑惑:大清早的,这狗跑楼上做什么?

第二天同样这个时间,又有敲门声响起,老公没有多想,又开了门,这次他更惊讶了:怎么还是昨天的那只狗?

这次老公长心眼了,他关上门,打开猫眼观察起这只狗来。这一看,倒把他惊呆了:只见那只狗把脑袋紧贴到邻居的门上,像是在倾听什么,然后抬起前腿,用爪子有节奏地拍了几下门,看没有动静,它开始不停地转圈,嘴里不停地发出"呜呜"的声音,好像非常焦急的样子。十几分钟后,那条狗又和刚才一样把脑袋贴到门上,用前爪再次拍了几下门。这一次没等多久,老公看见邻居的门开了一道缝,那只狗急急地从缝中冲过去,老公心里琢磨:"没记得对门养过这么大的狗啊?"

直到碰见邻居大哥,才揭开了谜底:原来对门嫂子从朋友那里抱回了一只还未断奶的小狗,往回抱时狗妈妈一直尾随身后,认清地方后才掉头离去。从那以后,狗妈妈就来喂它的孩子,每天两次,下午四五点和早上五六点,狗妈妈准时来到,风雨无阻。

老公很感动,就把这事说给了我和孩子听,一开始我们也不信,决定早早起床看看真假。那天,果真如老公所言,那只狗妈妈冒着小雨来敲门喂奶了。女儿和我轮流从猫眼儿观察那只狗妈妈,结果它的神情动作和老公描述的完全一样!

我们都被惊呆了,半小时后,邻居家的门响了,只见狗妈妈从里面悠闲地走出来!

母爱是伟大的,对于动物也一样!人类可以把它们分开,但亲情是扯不断的!它们甚至比人类的感情更深刻。

欢欢是父亲生前养了看家门的,个头不大,黑不溜秋。那时候,我们每次回老家,它总是狠命地狂吠,也不知道是欢迎我们还是讨厌我们。每次都是父亲拿着他特制的小鞭子,吓唬两三回,它才安静下来。我妈说,你爸养狗可上心了,每顿狗食都是他精心搭配,还时不时地训导它如何讲卫生,如何上厕所,如何看家。我妈曾戏言:"你老爸照顾小狗比照顾小时候的你们还仔细。"邻居曾说过这事:我父母出事那天,她听见小欢欢一直狂叫,从早上七点就声嘶力竭地"汪汪",直到我父母终于被发现。救护车拉走我父母时,欢欢惊恐而绝望地躲在大门口的角落,望着远去的车影一直低声地"哼哼"!

父母住院的那段日子,三叔帮着看家,欢欢一直不肯配合,总爱溜达进父亲的房间待着,每次都是三叔拿着笤帚赶它出来。更可气的是,三叔给它弄的饭食,它不光不好好吃,还嚼得满地都是。

父亲在医院一直时好时坏,医生虽然全力抢救,但三个月后,父亲还是要走了。在他弥留之际,我们把父亲送回了家。

那天,救护车一到家门口,欢欢就冲了出来,在车前不住声地叫唤,可那时父亲早已听不到它的声音。欢欢好像也意识到了什么,黯然地回到自己的窝里。就在那个清晨,父亲永远地离开了我们。

出殡那天,欢欢安静地趴在墙角,不吃也不喝,两眼无神地看着来来往往的人。这三个多月的时间,它明显瘦了许多,三叔也说这狗实在太通人性了。

父亲走的那一个月,母亲时常忍受不住对父亲的思念而失声痛哭,每当这时,欢欢也会不停地跟着叫唤,那神情也和母亲一样痛苦!

就在为父亲上五七坟的那天,我们发现病了好几天的欢欢不知何时孤独地死了,就死在父亲生前给它搭建的狗窝里。

那一天,我们流了双份的眼泪,一份是想父亲的,一份是念欢欢的!

母亲说,欢欢是去那边跟父亲做伴了!

这就是我记忆中最难忘的两只狗!它们让我懂得了狗的世界有着与人类一样的情感,有时候它们甚至比人类更有爱心,更重情义。

(发表于《当代小说》2010 年 7 月下,第 14 期)

写作小记

狗通人性,大家都这么说。所以,有越来越多的人喜欢养狗,不管城里还是乡下,狗成了所有畜类中最受欢迎的。有人养狗为了看家,有人养狗为了作伴。城里人养狗多是当宠物,这样的狗通常名贵。父亲养的那只狗却再普通不过,用途就是看家,因为老家在庄后头,而且位置僻静,这只狗充满了对主人的忠诚;去邻居家按点喂奶的那只狗,突出了异类的母爱浓情。

文章围绕"难忘"二字,通过我的所见所闻逐一展开。以诸多细节刻画了两只狗的共同特点,突出狗类丰富的情感世界。写这类文章,主要以具体的事件和生动的语言来打动读者,平铺直叙,不存悬念。

给地板打针

俺家的地板病了。

只要脚板子往上一踩,那些地板砖就"咯吱咯吱"地直叫唤,跟老年人得了关节病一样,害得俺们在家里只能踮起脚尖走路。

当初,这地板砖还是我亲自去朋友的专卖店里挑选的,绝对是瓷砖系列里最结实、最大气的一款;铺瓷砖的是老公麾下最过硬的技术能手,慢工出细活,两人用了整整十八天的时间。按说,这工程应该没什么问题吧,可现在还是出问题了。老公一个劲地打圆场,说有点问题也正常,因为经过几年的热胀冷缩,再好的地板砖也会慢慢空鼓,一空鼓就有"咯吱咯吱"的声音。

"这怎么办?时间一长不就把鼓起的部分踩折了?"我着急地问老公,希望他赶紧拿出整治方案。

"还能怎么办?只能给它打针了。"老公的话让我云里雾里,地板又不是人,哪还需要打针？

见我一个劲地追问，老公没好气地白我一眼："问多了有用吗？说多了你能明白吗？你急得啥！"

被抢白一顿，我还是不死心，盼着这地板赶紧恢复正常，俺们不能天天在家走芭蕾舞步吧。

有一天，老公下班回家，拎回两个方便袋，一个是深色袋子，沉甸甸的；一个是透明的，袋子里装了两支给病人打针用的塑料针管，一把橡皮锤子，还有其他几样小东西，令我吃惊的是针头上还套着装青霉素那样的小瓶子。

不会吧，真要给地板消炎打针吗？老公不理会我的诧异，放下手中的东西，就回他房间换衣服了。

"你干吗！"我正好奇地弯腰检查深色袋子里的东西，猛不丁被老公喊了一嗓子。"我想看看这袋子里的东西。"我直起身，讪讪地答道。

"有什么好看的！不就是一袋速溶胶粉和一点水泥吗？"老公是做工程的，偶尔也与做家装的打打交道，多少懂点家装知识，这个我是知道的。可要用注射针管处理问题，我还是第一次见。

老公不理会我，只管忙他自己的。只见他拿着橡皮锤，蹲下身对着地板有响声的地方不停止地敲打起来，又用小铲子仔细清理着缝隙，反复捶打几个来回后，缝隙慢慢清晰起来。老公起身，拿过来一只闲置的硬壳塑料盒，剪开速溶胶粉，用一只废弃的汤勺挖了两三勺胶粉倒入塑料盒内，顺手把一大杯冷水倒入盒中，边倒边用木条快速搅拌。待刺鼻的异味越来越浓时，老公赶紧按比例将水泥倒入其中，再次用木条不停地搅动，这中间又加了几次水，反复搅拌，终于调成稀粥状。

我索性坐到椅子上看起究竟来。见老公再次清理了一遍缝隙，又用硬毛刷仔细地刷了几个来回，然后起身去拿针管。直到这时，我也没意识到针管与这水泥胶粉之间有什么关系。

一直看到老公抽出针管在塑料盒里吸了满满一管子"液体"，对着那些瓷砖缝隙慢慢注射时，我才恍然大悟，原来是这么回事！因为缝隙细小，老公的动作非常慢，一边注射一边握着橡皮锤轻轻地敲击，以便使水泥胶粉好往深处渗透。

这活儿和进行静脉注射是一个道理，急不得也躁不得。一直注射了两个多小时，才差不多完工，我都看烦了。"一个半小时后才能碰它！"老公在我身后又下了道命令。

一觉醒来，呵呵，两个半小时也有了，我走出卧室，小心地踩到平时"吱吱"

叫唤的地板砖上,先轻踩,后重踩,最后两脚一齐站在上面用力,竟没再听到地板的"呻吟"声。那些鼓起的地方平整了,地板的"关节炎"终于消失了。这针,打得太值了!

（发表于《阜宁日报》2014 年 11 月 6 日）

写作小记

这是一篇日常随笔。地板坏了,"吱吱"地响,老公出面修理。看着特殊的维修工具,我感觉很奇怪,于是将维修过程全部纳入视野,然后就有了这篇文章。

生活中每天都在发生着一些大大小小的事情,只要多留意、多观察,总会有收获。不仅如此,写出的文章有时还能给别人带来一些启发。有几个朋友还依照文章所记叙的维修方法做了,说效果还真不错。

本文新鲜就新鲜在文章的题目上,给地板打针的说法非常拟人化,激发读者的好奇心。事实上,这篇文章所叙述的也确实如此,文题吻合,语言风格轻松、自然。

花盆里的意外

这绝对是个意外。

阳台的花盆里居然长出了一棵小柿子树,等我发现时它已经长大,就那么憋屈地挤在花盆的一边,顽强地往高处伸展着。

我指着小柿子和家人说的时候,老公理都没理,还露出一种就你大惊小怪的不屑神情;孩子也只是好奇地跑到近前看了一眼,用手爱抚了一下,就走开了。即使我和女儿说可以据此多写写观察日记,她后来也从没再认真地多看一眼。

只有我开始用心地关注它。

花盆的水比以前浇得勤了,我转动花盆让小柿子向着太阳,而且只要到阳台一定多留意它一眼。它就在我的关注下开始分岔,长出花苞,然后开花、结小果,小果越来越大……随着它日渐长高,我发现最底下的叶子开始变黄、发干,但上面又长出了可爱的小黄花儿,我知道这是营养缺失、生长空间狭小的缘故。

不管怎么样,这是个生命,完全是它自己选择的生长方式,它落根于这个花盆,不带一点刻意的目的。我看它那么不容易地争取到这点生存空间,拼命地往极致里成长,就不由自主地生出一些怜惜。看着它,我想到自己,感觉这个花盆就是我生活的环境。十几年来,我就如这棵孤单的小柿子树一样,在这座繁华而拥挤的省会都市里一点点落脚扎根,然后开自己的花,结自己的果。

多少年来,我把这些生活上的点点滴滴记录在个人独有的精神文件里,不管结果如何,总是认真地一点点存着。失望也好,满意也罢,那些好人的恩、坏人的脸,我都默默地一笔笔存在记忆里,不言不语,只用一杆心称量量我的得失,然后一如既往地继续着我的日子。静等着某一天,到我该表达的时刻。

小柿子树一天天长大,新的花儿还在继续,尽管再成长已有些困难。

但为了一种生存信念,就算生命至此止住,小柿子树有了这个勇敢的过程,我想这样的一生也是值得的吧。

(发表于《望月文学》总第 34 期)

写作小记

这是我钟爱的一篇小文。生活有些累有些烦的时候,静下心看看这些自然景物,心里就会敞亮许多。花花草草皆有灵性,有时候你不经意地遇上一朵顽强的小花或者一棵顽强的小草,一经触动,就会令你久久难忘。

本文写了一棵小柿子树的际遇,生命虽然短暂,却以积极的抗争姿态成就了一道凄然的风景。人生就是一种不断拼搏与抗争的过程,我们每个人都要像小柿子树那样执着勇敢地生活。此文以小见大,借物抒情,虽小题大做,但也是一种内在情感的真实流露。

雨中小景

烟雨蒙蒙,本是江南之景,谁知连日来一直干燥的济南竟也变成了江南,变成了一幅迷人的大写水墨画。

那如烟的小雨,不急不慌地飘着,飘在公园,飘在街边,飘在那些绿肥红瘦之间,倾情私语,传递着一份心灵的喜悦:叶儿,更绿了;花儿,更艳了。春之娇容,让太多行色匆匆者来不及多看一眼,便带着遗憾机械地紧赶上班的路;哨兵一样的行道树和久盼约会的情人一般,一旦见雨,生命便焕发出由衷的醉意;小河泛着涟漪,流淌着藏在心中的歌儿;最诗意的便是那河边的春柳,长长的秀发,窈窕的身姿,撩动起万种风情……润养万物的细雨,把济南朝气蓬勃的 5 月渲染得如此动人。

工商河凤凰桥边,垂柳树下,一把浅蓝雨伞长久地立在那里,由远而近,我看到一位早起锻炼的大妈,撑着伞,静静地驻足在桥边,只顾看着眼前的春景,竟不知她也成了我视野中的风景。看着她那花白的头发、微驼略胖的身材,我忽然想:这是不是二十年后的自己呢?

一对赶着上班的恋人,撑着一把紫罗兰的小伞,一人一个汉堡包,边吃边走,演绎着动情的恋曲:男孩撑着伞,一直往女孩那侧靠拢;女孩胳膊上挎着小包,一边喝着牛奶,一边不失时机地喂男孩一口,旁若无人地秀着幸福。我看得红了脸,经过他们身边时赶紧低下头快步走开。

身边依旧人来人去,车来车往。我看到对面过来一辆紧贴路边骑行的自行车,越来越近时,竟看到一把并不漂亮的米黄色旧伞撑在车座上。蹬着车子的年轻妈妈,冒着细雨,边走边与车座上的孩子对话。三四岁的宝贝,在幸福的小雨伞里欢笑,清脆的童音在雨中飞扬,温馨而亲切。我只顾看那娘俩儿,竟忘记了转弯,待与对方擦肩而过,才知自己走错了方向。

如今东工商河畔的景致越来越好,每日走过这段路,总愿意放慢脚步,与附近出来散步的居民一起分享此处的春色。我不时看到一对老年伉俪,一早一晚在这里漫步。老大爷略有小疾,一条腿走起来一瘸一颠的,行进的速度也很慢很慢;老太太却动作利索,精神饱满,盈盈浅笑,一直陪在老大爷的身边。他们或喁喁私语,或笑语绵绵,走走停停,在一片绿荫中流连。

但一连三天的阴雨天,我却没有再见到他们,失落的眼神不停地在他们曾经走过的地方搜寻,希望能看到一柄黑绸布伞,伞下是他们牵手并行的身影。

第一天,我没留意到;第二天,我也没看到;又一天,我还是没有见到。

是什么让他们对散步有了怯意?是刻意避开没有阳光的雨天,还是那个老大爷身体不适?我不得而知。只是在心里默默地祝福他们,就像默默地祝福我远方的老妈。

5月的细雨,轻击着生命的密码,也给了我一次次穿越心灵的或深或浅的感动,那些雨中的小景竟也如此生动呢。

(发表于《济南日报》2012年6月15日)

写作小记

从我家到单位有三四公里的路程,骑车上班,差不多十分钟就能到。但我有时候会慢慢悠悠走上二三十分钟,尤其是春暖花开时节,沿途风光牵绊了我的视线,让心灵一次次有了感动。尤其是每年的三月到五月,一路上都是花香鸟语,垂柳依依,去时晨光相迎,回时落霞披身。特别是工商河畔,每天都有这样或那样的故事发生。我就是读着这些平凡的故事,看着这些动人的景致走过每个春夏秋冬的。

做生活的有心人,留心一些景,留意一些事,用你的眼睛去阅读故事里的细节,久了,就会慢慢积累一些生活素材,一旦有了某种写作的冲动,文字就会自然地跃进思维的前端,只要拿起笔,那些栩栩如生的画面就会"嗖"地一下落在笔尖,如行云流水,感情真挚。本文就是这么来的,写的时间很短,但积淀的日子很长。善于观察生活,不断积累素材,用一双慧眼、一颗慧心发现生活里的美,难道不是一种快乐的享受吗?

第三辑　牵手成长

青春在疯长

才几年工夫,你就猛地蹿成了大姑娘。

身高先超出妈妈一块,又超出爸爸一块,现在,你成了家中海拔最高的一位,动不动就拽过爹妈跟你比试身高。还时不时对着镜子细赏自己宽宽的额头和高高的鼻梁,感叹:"我完了,光滑的青春制高点终于被讨厌的小痘痘占领了!"叹息之余,你又是挤又是掐——都无济于事,痘痘们该怎么疯长还怎么疯长,就像我怎么说,你都坚持自己的老主意一样。

因为在乎,所以千方百计地计较。这让我对你的表现越来越不满——挡不住的,是你对自己外在形象的过分关注。

有一天,放学归来的你一改往日满面疲惫的模样,进门就是一脸的阳光:"妈,告诉你一件重要的事。"

我狐疑,放下手中的拖把,看向那张笑逐颜开的脸,一边观察,一边猜测事件的重要程度。

"喏,这儿。"你把额头伸过来,我以为上面有什么擦伤、刮伤,但看上去光光的,脸上什么痕迹都没有。

"没发现吗?真是视觉白痴!"训斥我的语气,跟我生气训斥你时一模一样。

我怀着几分忐忑、几分愧意再次往那张熟悉得再不能熟悉的脸上看去:"什么呀,什么也没有!"

"喏,这儿,这儿! 美人尖!"你指着前额中间那块明显的 V 字形刘海儿得意地说,"今天的生物课老师讲遗传基因时,特意在班里走了一大圈,最后就在我这儿停住了,指着我的额头说,看这就是遗传基因,典型的美人尖。老师说全班就我一个人有呢!"看你得意的样子,比考中清华、北大都兴奋。

"切!有什么好兴奋的!我以为考了全班第一呢!"脸色一沉,我没好气地回了一句。

你的表情"刷"地一下由阳春三月拉到冰寒严冬。这话太有杀伤力了!上周刚刚进行完期中考试,成绩还没出来,这不光是我最关心的,也是你最焦虑的。

你狠狠地瞪着我,足有半分钟,而后头也不回地奔向自己的房间。"砰"一声,门被重重地带上,留我在原地呆若木鸡。

唉,怎么哪壶不开提哪壶呢!我不由自责起来,想想平时娘俩儿间的冲突,突然感觉你说的也有几分道理。当妈的是太没想象力了,一点幽默感也没有。难怪你平时老跟我犟嘴,这不是代沟的问题,是我太把学习当回事了,而你偏偏又太不把学习当回事了。

"你就放心吧!我才不会找男朋友哪!"有一天,你回家跟我描述,你同学某某如何跟同班男同学 campus love。我问起你有没有的时候,你向我信誓旦旦地说没有。

我忍不住问道:"那你为何天天中午要和'大神'一起吃饭?"

"吃个饭又有什么呀,不就是他早去了给我占个位,我早去了给他占个位,吃完就各回各班吗?你放心,他学习那么好,才不会有非分之想呢!再说我也看不上他对别的同学总是一副高高在上的样子。"听着倒像是很有主见的。

"既然这样,那以后就别一块吃饭了。"我赶紧提出要求。

"看你,神经兮兮的。"你抛给我一个白眼,"下个学期不用你说也肯定不在一块吃饭了,文理一分科,下课都不一个点。你以为我稀罕呢!"

我略有悔意。看来前段时间的担忧确实是多余的。

带你参加朋友孩子的婚礼,酒足饭饱,刚走出酒店,你就兴致勃勃地来了一句:"我也想结婚了!"

说话的声音还相当大,一点也不掩饰,惹得身边的陌生人都把脑袋偏过来看你。我皱着眉头剜了你一眼,你还是肆无忌惮,自说自话:"我要结婚,决不穿婚纱,我要凤冠霞帔,蒙红盖头,穿大红礼服,最好也坐坐小花轿。这才是中国人最好的传统文化,婚纱那是西方人的,也不知道谁先穿来的!"你看着我,毫不含糊地说,一点也不顾忌其他行人。我又白了你一眼,往前加快了步伐。

"真的,我就是这么想的!"你追上我,继续滔滔不绝,"那个新郎官虽然长得不怎么样,但很有绅士风度。我数过了,整个婚礼,他有十几次主动搀扶新娘,数次帮助新娘提着长长的裙摆,三次给激动的新娘擦泪,一次陪新娘落泪,在向观众致礼时,还不忘照顾身边的新娘。"你陷入对刚才婚礼场景的回忆里。"我以后找男朋友就找这种有绅士风度的!"你认真地说着,拉起目瞪口呆的我,快步向前走去。

这哪还是只知道吃喜糖的小女孩。眨眼间,青春已疯长到成熟的模样。

(发表于《中学时代》2014 年第 11 期)

写作小记

上了高中的孩子,不光个头长高了一大截,连说话做事也明显向成人靠拢,特别是对人对事的看法与处理方式,也已远远超出父母的想象。现在的孩子大概都是如此,每每说起成长中的他们,相信做家长的都会感慨不已。飞出窝巢的小鸟儿,在外面见识得越多,心思就越缜密、成熟,不管有没有风雨,他们总想飞得越高越远,他们已经完全不像自己的父辈在这个年龄段时所表现出的那样"无知"。和孩子相处的时间越多,越会感到这种距离的存在。他们成熟得实在太快,几乎让父母不敢正视。

此文选取了女儿生活中的几桩小事,表达了一个母亲内心的感慨,这不是个例,而是普遍的存在。此文曾分享给身边的同事,得到他们一致认同,都表示,"现在的孩子跟我们那个年龄段实在没法比"!

多观察、多思考,及时动笔,及时捕捉身边最能引起关注的话题,一旦成文必能引起大家的共鸣。

"小财迷"

女儿从小就没有吃零嘴儿的习惯。

尽管有"穷养儿子富养女"之说,我们基本上没给过她零花钱,她也没开口向我们要过。

她手里偶尔也会有一些小钱儿,这钱一般都是她去当"小跑腿"买东西时的剩余,我和她爸也不怎么严格控制,都由她自己私落腰包,知道她也不乱花。

小时候,给她买过一只猪宝宝式的储蓄罐,平时那些小钢镚儿全放进罐里。为了防止她自己乱拿,就告诉她这是攒着给她上大学用的,她也就很认真地当成了自己将来的大学学费。

后来小罐一满，那钢镚儿就没有统一的去向了。女儿就把满肚子油水的"小猪"悄悄地放进她的床头洞里。

上小学四年级后，女儿又把一些分分毛毛的小钱不动声色地存了起来，小纸币和那些小钢镚儿存够一块钱后，就向我们申请换成大点的纸币，一点点攒多了，她就向我们换更大的，换走的钱通常就进了她的"小金库"。

那年她大姨去北京出差，顺便给我带来了一个精致的小钱包，没想到女儿喜欢得不得了，那钱包自然就归她所有了。

从那，女儿就常跑到我和她爸跟前，和我们进行一些小小交易："妈妈，我用这些零钱换你一张整的吧！""爸爸，你给我这张整的，我给你这些零的吧！"听着是在征求意见，其实很多时候不管我们同意不同意，她自管找出那十元二十元的来，再把她手中那些一角、五角、一元的放到我包里或她爸爸的背包里。

以前别人给她的压岁钱，一般都由我代管，后来也就不管了。自从她有了钱包，我们也就不怎么过分要求她，都是她自己去"理财"。大头存到银行，小头自己留用。说是留用，其实还继续攒着。

今年暑假，带她去外地旅游，之前说了不让她带自己的小钱包，她也没表示反对。结果玩到最后，我们超出了开支，我正为从延安返回的路费犯愁时，女儿悄悄地说她还有钱，然后把她的钱包递给我。

当时我不以为然，认为里边也就是个百八十块的小钱而已，结果打开一看，让我吃了一惊：里边大大小小排了一大摞钱，数数竟有 500 多元。高兴之余也让我目瞪口呆，小小年纪的她带着这么多私房钱，跋山涉水几千里路走下来，竟然就这么泰然自若地背在身边。

我用她的小钱解了燃眉之急。回家后，女儿也没再提她那多年积攒的"财富"，又和以前那样敛她的小钱了。"妈妈，今天坐车的钱还剩下一元就不还你了。""妈妈，买馒头找回来的钱就归我了吧。""妈妈，我中午不回家吃饭了，你给我三块钱买面包吧。"一般情况下，她要三块钱，我就多给她一块钱。这多给的一块钱，会让她高兴多半天。

前两天，女儿拿来九块钱，说："妈妈，我和你换张十元整的吧！"

我白她一眼："有你这么换钱的吗？"

女儿自管赖皮一样高高兴兴地换走了俺的十元大钞。

这个小财迷，可真会"掳"钱。

（发表于《济南日报》2012 年 1 月 6 日）

✿写作小记

看到每天放学总有一部分同学聚集在校园附近,拿一块两块甚至几毛零钱买一些乌七八糟的零食,而且个个吃得心满意足,我就很为他们忧虑。

有一次,我逮住一个正吃得津津有味的小男生,看了看他往口里塞的小东西,只见一个红色小包里装了几十粒五颜六色的小球,没有厂家,也没有生产日期,典型的垃圾食品。我问他好吃吗?小男生头点得像吃米的小鸡,还很大方地用小黑手捏出一粒让我尝尝。我告诉小男生,吃这种东西有害,以后不要再吃了。但第二天,我发现这个小男生虽然不吃小红球了,却又换成了另一种小食品。那天,我统计了一下班里的 54 个孩子,每天有零花钱的占一半多,这些孩子中,每天在校门口买零食的占 70%。

于是我就给学生们讲了女儿的故事,他们听得很认真,我动员他们从现在开始也把零钱攒起来,父母不给换"大钱",就找老师换。当然,除了两三个女孩子这样做,大部分孩子该怎样还怎样。

我又把女儿的故事整理成文章读给学生听,希望女儿的故事能对孩子们有所影响。

生活是写作的源泉,素材就在你身边。只要仔细留意身边的人与事,把有用的、感触深的筛选出来,需要时,它们就会自然地落在你笔端。不光练了笔,还能给别人带来一定的教育与启发。

女儿的"灰太狼"哲学

女儿今年要参加中考,我一直为她惨不忍睹的体育成绩而担忧。要知道这次的体育可占不少分值呢。

眼看那些先天条件不如女儿的同学,个个都能轻松过关,可女儿的成绩却总不见成效,离考试日期越来越近,我看在眼里,更急在心里。怎奈皇帝不急太监急,说轻了,女儿不理会;说重了,她赌气撂挑子,小姐脾气跟着就上来了。

有一天下午,女儿放学回家,进门就喊"累死了",说跑步跑得腿都酸痛得找不到家了。我急忙问她另外几项有无长进,结果她满不在乎地说,别的项目没感到进步,只有垫球比原来多出一两个。我心说:"我的妈呀,练了这几天,才长进了一两个呀!"这样想着,我的埋怨也慢慢多起来。

女儿开始不答话,沉默地听着。后来她跟我漫不经心地说了这么一段话:"知道灰太狼吧?据说灰太狼每次挖空心思地去抓羊,抓了很多次,羊也抓到了,甚至抓到了整个羊群,可到头来一只也吃不到嘴里,还时常受到红太狼的责骂和武力惩罚。有人做过统计,说灰太狼至少失败了一千次,可就算失败了一千次,灰太狼也还是那句乐观的结束语:'我一定会回来的!'灰太狼失败了这么多次,它都不气馁,我这还没认真地失败过呢,你就没耐心了,再说还没到最关键的时候呢!"

起初我认真地听着,因为一时没明白女儿要表达的意思,到最后才听出来,这是借灰太狼说事呢!

我心里暗暗惊叹现在孩子的思维应变能力,但我还是说:"灰太狼虽然乐观,失败了那么多次,还不放弃抓羊吃羊的念头,但它不去认真反思失败的原因,一味地败了又败,看吧,慢慢地它就没有进取心了。"

之后,我又对她说:"如果我是灰太狼,就一定给自己一次成功的机会,不光靠近目标,还要完全实现目标!"

女儿看看我,我也看看她,四目相对,我说的和她想表达的应该达到了一个合并点,那就是:一个人不光要接受失败,还应该从失败中总结不再失败的经验,为以后的不失败做准备。

今天,女儿的排球已经垫到 20 多个,要是再继续努力一下,考试就能拿到单项的满分了!

(发表于《济南时报》2012 年 3 月 29 日)

写作小记

这是我写的一篇深有体会的文章,写于女儿中考体育测试那段时间。那年体育以 60 分的成绩计入初中毕业和学业水平测试总成绩中。这对平时不喜欢运动的同学是个极大的考验和挑战,甚至直接影响到中考的去向。

女生要考 800 米、立定跳远和排球垫球。离考试不足一个月了,女儿还没一项过关的。特别是垫球,只要那球一到她手上,垫不了两三个准得飞出去。眼看考试日期越来越近,她着急,当家长的更着急,于是就有了文章中女儿和我关于灰太狼的一段对话。

这本是我在个人空间里写的一点小感悟,没想到却被编辑看中,她觉得这篇小文章极有生活读点,让我再修改一下,于是我就按照要求又加了一点细节。

我觉得这篇文章之所以让编辑看中，除了具有很浓的生活气息之外，还在于我选了一个醒目应时的题目，因为那段时间动画片《喜羊羊与灰太狼》正在热播中，大家对灰太狼的印象实在太深了。

"小棉袄"被谁穿走了

都说闺女是妈的"小棉袄"，可俺闺女却是她爹的"小棉袄"，有时候甚至是她爹的"羽绒服"。

这让我常常心生不平，从她一出生，我就把百分之百的精力用到她身上，从小到大不知让我花了多少时间多少心思来培养她。可在很多事情上，她依然向着爹不向着妈。不是我难过，是感觉闺女对我的管教越来越充满敌意。尤其是越不想让她掺和的事，她偏去掺和，而且还格外地卖力。就像今天，她爸爸的生日，她比自己的生日还忙活呢！

她爸的生日是 11 月 20 日，不到日子她就开始念叨。光昨天一天就念叨了不知多少次，还动员她爹别上班了，就在家过生日，"责令"她奶奶多做些好菜。不光这些，今天一大早就找我要钱，说给她爸买蛋糕去。我说他过生日，凭什么向我要钱，要表达心意也不能从别人腰包里掏呀，你自己又不是没钱。再说，我过生日也没见你给我买蛋糕呀！

俺闺女听了我的拒绝和抱怨，倒大气地说："你不出钱谁出钱，再说我那些小钱是存银行的。"末了又加了一句："就你那生日呗，人家都过阳历，你偏过阴历。"言外之意就是阴历不能过生日。这是谁的逻辑？我不满地瞪她一眼，但到底还是让她拿走了一百块钱。

这还不算，晚上非要等她爸爸回来一起出去吃饭。我想想，一年到头一家人难得出去吃个饭，就去楼下的苗岭竹荪鹅饭店吃一次吧，也算感谢她奶奶这段时间给照顾家。谁知我刚流露出一点意思，俺闺女就兴高采烈地宣称："我妈同意出去吃饭喽！钱由妈妈出喽！"就好像她妈是取款机一样。

没办法，老太太早已包好的水饺只好放入冰箱。她爸刚进家门，闺女就热情地迎上去："我妈说出去吃饭，她来付钱。"我说过吗？这孩子。就这一会儿怎么就被她演绎成真格的。

她爸黑着脸，没好气地说："出去吃什么，有钱没处花了?!"

最后，一家人还是一起坐进了饭店里。火锅冒着热气，蛋糕插上蜡烛，笨手笨脚的老公这时候也眉开眼笑地吹起了蜡烛，激动得连个心愿都没来得及许，端起杯子先和闺女碰了第一杯，连声说："谢谢！"俺闺女更是一脸水蜜桃花，好像那钱是她挣来的，饭后也由她来付费一样。

一家人终于酒足饭饱。该付账时，老公起身，说："我去吧！"俺闺女一把扯住她爹的衣角，我分明看见她使了个小眼色，爷俩儿像早有默契一般，那撅起的屁股又结结实实地落到椅子上，老公不看我脸上的表情，只管对着他老太太说："她跟老板熟，让她去结账吧！"我剜他一眼，心想："谁和老板熟？不过是跟朋友一块来吃了两次饭而已。"

最后，自然是俺买的单。

走出饭店门口，闺女一手抱着半块蛋糕，一手拉着她爹，高高兴兴地往家走去，俩人亲亲密密的背影一直在我眼前晃来晃去，后面的我不光拿着大包小包的东西，还得照顾着也喝了半杯红酒的老太太。唉，闺女就是不如儿，都说是妈的"小棉袄"，还不是穿到了她爹的身上。

喝了点小酒的老公，回到家就倒在沙发上打起了幸福的呼噜，看看人家睡得那个香，那个甜哟！

（发表于《都市女报》2011 年 11 月 28 日）

写作小记

这是一篇生活随笔，源自一顿生日晚餐。都说女儿是妈妈的"小棉袄"，那次晚餐却让我越来越觉得"小棉袄"还是与爸爸最贴心。写这篇文章时我并没有想很多，只是把自己的一种失落感表达出来。

第二天到邻居家借东西，顺手也把她家订的女报一起借回了家，看到家事一版，觉得很有生活气息，便把头天晚上写的小文章稍微做了一下处理，照着报纸提供的邮箱发了出去。后来，有同事说她在《都市女报》上看到了我写的文章，正写到她心坎上了，原来她女儿也跟爸爸最亲。她说自己不光觉得嫉妒，更多的是莫名的失落。也许真如书中所言："女儿是爸爸的前世情人吧。"现在女孩有几个不是跟爸爸走得近呢？

文章自然朴实，虽然全文采用平铺直叙的手法，但却写出了当事人真实的内心情感。当然，这篇文章的题目也沾了一些光。除了这两大要素，能及时捕捉内心的情感，把最真切、最深刻的感受表达出来，也是文章出彩的重要因素。

陪考妈妈

期末考试,老师们要分年级交换监考。

按照考试日程表上的要求,我提前走进中楼四层教室,找到监考的班级。走进考场的一刹那,竟意外地发现班里多了位家长。一位陪考妈妈坐在讲桌的旁边,紧挨着她的儿子。看到我诧异的目光,陪考妈妈有些羞涩,赶紧起来给我让座。我笑笑,示意她坐下。

一同监考的小谷老师悄悄地跟我耳语:她的儿子从小患有严重的自闭症和癔症,只有妈妈在跟前才能安心,才能安静。听了小谷的话,我不由同情地望向这对母子。

印象中曾有老师跟我提起,学校里有位妈妈从一年级开始,风雨无阻,一年四季陪着有心理障碍的孩子读书,每天五节课,一节也不落下,一年又一年,一直陪到现在。莫非就是眼前的这位陪考妈妈?我一边做着考前的准备工作,一边用眼角扫描着这对母子。

陪考妈妈穿一件普普通通的红色羽绒服,中长的头发在脑后随意地扎成一束,松散地耷拉在背上。她脸色黑红,皮肤有些粗糙,两边的颧骨上布满了些许斑点。从孩子的年龄推断,妈妈的岁数应该在三十五岁左右,但从她鬓角的白发和眼角的皱纹上看,她要比实际年龄老很多。加上她那一身普通的打扮,精气神明显不如同龄家长。

她的儿子——那个中等个头的小男孩,看上去模样长得很周正,眉清目秀,根本看不出这孩子与别的孩子有什么不同。男孩一直低着头在空白纸上画来画去,偶尔做一些自娱自乐的小动作,做得开心时,自己笑笑,喃喃一番,偶尔也抬头向妈妈露个笑靥。妈妈全神贯注地看着儿子,亲昵地盯着儿子的一举一动,眼神随着儿子一起游移。我看到儿子把笑脸投来的时候,陪考妈妈也会用微微的笑意迎合着儿子,娘俩儿陶醉在彼此的交流中,仿佛闹哄哄的教室与他们毫无干系。看着这对母子,我心里也暖暖的。

第一场考数学。试卷发下后,我看到陪考妈妈眼睛一眨也不眨地看着孩子做题,偶尔会轻轻地抚摸儿子的后背,儿子点点头乖乖地改着。时间一分一秒地溜走,考到一半时,儿子有些焦躁,不停地动来动去。陪考妈妈从水杯里倒出一杯盖水递给儿子,满眼柔情地看着他把水慢慢喝完,然后拾起一支笔帮着儿子理顺后面几道应用题,她一个字一个字地指给儿子往下读,想让儿子理解应用题的意思。男孩开始还配合,后来就不乐意了,眼神四下游走,妈妈的话暂时失去了约束力。陪考妈妈看看儿子,看看时间,又看看教室里其他埋头做题的孩子,显然有些急了。我听见她小声地鼓励儿子,不知道说了些什么。很奇怪,没多久,儿子就安静下来,低着头又开始认真地做题了。我看陪考妈妈依旧盯着儿子和试卷,就忍不住随手写了张小纸条递了过去,上面写了一句话:"你是一位很称职的妈妈,对孩子全身心的投入让我很感动。"

陪考妈妈认真地看着纸条上的内容,脸上漾出愉快的笑容。她读了一遍又一遍,抬起头冲我憨笑,看得出这张纸条让她感到意外,也让她内心泛起不小的涟漪。

看妈妈高兴,儿子也伸过头去,我听见陪考妈妈用很小的声音自豪地说:"纸条上有老师表扬妈妈的话。"说罢小心地折起纸条,放进羽绒服口袋里。

考试继续进行。一直到第一场结束,孩子再没闹腾。

离第二场考试还有半小时的休息时间,收好试卷,我走到陪考妈妈身边,同她聊起家常来。

期间,陪考妈妈嘱咐他的儿子赶紧上厕所。她则把纸条又拿出来看了一遍,跟我连说了三个"谢谢"。我拍拍她的肩,真诚地告诉她:"你的确是个伟大的妈妈,一般人都做不到。"

陪考妈妈听了我的话,收起腼腆的笑容,眼圈有些红。孩子们一个个地经过,热情地和她打招呼,亲切地叫着"郭阿姨"。陪考妈妈一边热情地应着,一边跟我说:"这些年,我天天跟他们在一起,班里的小孩子都和我混熟了。"

我问她:"孩子是不是受过什么刺激?"陪考妈妈听了,脸上立刻充满了愧疚与伤心的表情。

"唉,谁说不是呢,这还不都是因为一条野狗呀。"接下来,我就听到了她儿子在两岁多一点时遇到的惊险一幕。

"孩子的爷爷才刚离开一会儿,一条不知从哪儿窜出的狗一下把孩子扑倒了。要不是路人及时赶上来帮忙,孩子不知道被伤成什么样子呢。孩子当时就吓傻了,小脸发青,哭都哭不出声来。我们都以为孩子过几天就会好些的,没想到却从此落下了这样的病根。"

陪考妈妈的声音哽咽了。我想赶紧岔开话题,可她已沉浸到了旧时的悲伤里。

"虽然也到处找大夫看了,可就是不怎么见效。我要不在跟前,他就显得很焦躁。有时候还整天整天地不说话,跟谁也和不认识一样,对他爸也是这样子。不管他爸怎么陪他玩、逗他说话,他都不吭声,感到急躁时他就不停地喊叫。倒是最近一两年,孩子已经变得好多了。"

陪考妈妈说话的工夫,男孩回来了,依旧一个人独来独往。我看他经过讲台时,伸出一只白皙皙的小手在黑板上画来画去。其他孩子都是三五个一堆,要么一起瞎侃,要么一起讨论,只有他谁都不去找,只管自顾自地玩儿。

"儿子,去找你同学说说话。"陪考妈妈对儿子说,她希望自己的督促对儿子有一定的效果。可是,这一次儿子一动没动。

"要不你过来,跟这个老师说说话。"陪考妈妈指着我,又对儿子柔声地喊道。那孩子这一次很听话,安安静静地坐到他的位置上,但就是不说话,也不抬头看我。

"老师,俺儿子现在越来越往好处发展了,前段时间带他去看医生,大夫说再过两三年就全好了。"陪考妈妈抚摸着儿子浓浓的黑发,眼睛里流淌的全是爱和期待。

"会的,一定会的!"我冲陪考妈妈坚定地点点头。

铃声响起,又一场考试就要开始了。

(发表于《中学时代》2014 年第 5 期)

写作小记

这是在一次期末考试交换监考中遇到的人和事。我通过和陪考妈妈面对面的交流,深切感受到这位妈妈的不易和伟大。正因如此,我才把这件事情详细地写出来,那时候我希望能够帮到她,帮到孩子。我观察得很仔细,一连两场考试我的注意力都没离开过这对母子。为了更全面地了解他们,我还在考试休息时间与陪考妈妈做了交流。

这篇文章的落脚点是人物描写,着重描写陪考妈妈陪儿子考试的一举一动,以及陪考妈妈与我课下的对话。陪考妈妈的无奈与焦虑,温柔与慈爱,都体现在她的动作和语言上。写文章时留意、观察、提炼,也许不是每个人都能做到的,但只要形成习惯,勤于思考,写出的东西就有生命力,令人悦读。

孩子,你应该先说"谢谢"

一位家长急匆匆地跑到教室门前,上气不接下气地对我说:"麻烦老师叫出俺孩子来!"

孩子出来后,家长迅速地从手提袋里掏出饭盒,一边塞到孩子手里,一边连声说:"对不起,今天一忙忘了给你弄午饭,赶紧趁热吃了,你肠胃不好,可别让它太凉了。"没想到孩子却满脸通红,一把把饭盒推给母亲,没好气地吼道:"谁让你来的!早干吗去了!"说完扭头就跑回了教室。

母亲的眼圈立刻红了,尴尬地扫了我一眼,犹豫了一下,又走到我跟前,带着哭腔,可怜巴巴地说:"你看这孩子,我大老远地赶来,她还不领这个情。"家长把饭盒递给我,央求道:"老师,孩子从小肠胃不好,不能饿着,也不能吃凉的,麻烦老师带给她!"

我示意家长等一会儿,进教室把那孩子又叫了出来。我把手里的饭盒递给她说:"小迪,你应该先跟妈妈说声'谢谢'!你看,大冷的天,妈妈额头上出那么多的汗,还不都是为了你。"家长憋了很久的眼泪"刷"地一下流出来,孩子看了妈妈一眼,怨怒的神情变为愧疚,小声地说了句:"妈妈,对不起!"

小迪妈妈的遭遇在生活中并不少见。因为孩子少了,父母给予孩子的关注与关爱越来越多,而孩子对父母的付出非但没有感激与感恩,还觉得理所当然。

家长走后,我让小迪到我办公室吃饭。接下来的那节课,我把原计划中要讲的新课变成了一节关于感恩父母、懂得回报的品德交流课。

课上,我没有让孩子们谈父母对自己的爱,而是把自己转换到一个母亲的角色,给他们讲了我养育女儿的过程。从怀胎十月的艰辛,讲到孩子出生的痛苦,再到深夜抱着高烧的女儿狂奔医院的情景……我最后告诉他们,你们的父母也和老师抚养自己的孩子一样,辛苦地抚养着你们,在陪伴你们一步步成长的过程中付出了同样的心血。你们应该知道爱自己的父母,学会理解和尊重自己的父母,感恩自己的父母。孩子们一个个垂下了小脑袋,小迪更是不由自主地开始抽泣。

生活中,孩子们对别人给予的小恩小惠总是感激不尽,却对身边亲人的恩情视而不见,这可以说是现代家庭教育的悲哀。由于父母无微不至的呵护与关爱,很多事情都不让孩子亲自去做,所以孩子潜意识里认为父母所做的一切都是应该的,不需要回报,因此他们也就不懂得感恩。

孩子,衣服是爸爸妈妈给你买的,你要感谢爸爸妈妈;书是爷爷奶奶送你的,你要谢谢爷爷奶奶。时时言感谢,事事存感恩。春节,你在接受爷爷、奶奶及其他亲属送给自己的礼物时,要表示真诚的感谢;父亲节和母亲节,要给爸爸妈妈说几句感谢的话语;爷爷奶奶、姥姥姥爷的生日,你要送一件小礼物给老人们祝寿……

感恩父母,是一个人最起码的道德底线。希望生活中的那些"小迪们"能慢慢懂得尊重父母、体贴父母、感恩父母。

（先发表于《山东商报》,后凤凰网以《教孩子学会感激父母》为题转发）

写作小记

现在的孩子多是独生子女,享受着一大家人的宠爱,却越来越不知道感恩。从这些孩子们的话语和作文周记中,我越来越感受到他们在这方面的缺失。其实,这也不全是孩子的错,前不久有一则这样的新闻:一位老母亲拿出自己的养老钱给儿子买了汽车,在一次外出的路上,儿子却因为自己的孩子要睡觉,把老母亲撵到了后备箱。当交警发现后,准备惩罚这个不孝的儿子时,老母亲却再三为儿子开脱。这样看来,是做母亲的毫无原则的满足、迁就、退让,才造成了孩子不懂得感恩的后果。

这篇文章就是由一个学生不理解妈妈的辛苦而引发的思考,摆事实、讲道理,娓娓道来,由点到面。要教育孩子从小懂得感恩,懂得回报,既教育现在的孩子,也警示现在的家长。文章没有空洞地讲道理,也没有列举过多的例子,只引用了一件生活中的小事就表达出了主题。

涵养不等于忍辱负重

有这样一个女孩,从小有良好的家教,凡是爸爸妈妈不允许做的事,女孩从来不做;凡是老师布置的作业,再难再多她也按时完成。女孩乖巧、懂事,事事遵从父母的意见;女孩言听计从,老师说几点到校,她都能提前一刻到。女孩虽然天分不高,但知道努力学习,对学习好的同学崇拜至极。

对她这种循规蹈矩胆小的性格,妈妈曾经很是自豪,认为这恰恰表明女儿已是小淑女了。直到有一天,妈妈发现女孩越来越少言寡语,甚至情绪异常低落。出于做母亲的敏感,她觉得女儿一定遇到了什么事,就开始追问女孩的学习情况和与同学之间的相处。起初,女孩总摇头不语,直到妈妈急了,她才流着泪告诉妈妈:她一直受同位——一个女同学的欺负,特别是近两个月来,已经发展到让她时时担惊受怕的地步。

她的同位,经常把她使唤得团团转,有时候不高兴了还把她做好的课堂作业一股脑儿地撕掉,害得她一次次重写,一次次受老师的奚落。而她的同位只管在旁边偷笑。她虽然很生气,却只会忍气吞声。同位还经常没有任何理由地打她一下,有时候打得很疼;同位借了她的零用钱从来不主动还;最让她接受不了的是,同位经常骂她是蠢猪,甚至责令她不许和别的同学来往,只能跟她一个人玩;不管早晚,同位每天都命她放学后必须先送自己回家。有一次,那个女同学甚至踮起脚尖指着她的鼻子警告她,如果不听话,就要找人揍她……女孩还说了那个女同学欺负她的一些事情,比如,只要她带了好吃的,都必须给那个女同学留一半;要是那个女同学嘴馋了,就逼她拿钱去买好吃的,还要当众做出是她自愿赠送的样子。

女孩其实一点都不喜欢这个同位,因为这个女同学总喜欢喋喋不休地说别人如何如何不好,这是女孩非常反感的一种行为。同位整天纠缠着女孩,从小就没有反抗意识的女孩只能忍受着这种折磨,不敢向老师汇报,也不敢跟父母提起。

爸爸妈妈边听边心疼地流泪,埋怨她为何不告诉老师。女孩的理由是:"老师够忙的了,如果为了这点小事去麻烦老师,会给老师留下很不好的印象。""那也应该早点告诉我们呀!我和你爸爸会替你去找那个女同学,找你的老师!"女孩抬起满眼泪水的脸,对爸爸妈妈说:"我就是怕你们听了生气,再去找人家,要是大吵起来,多不好看!"女孩高高瘦瘦的肩膀因极度委屈而剧烈地抖动起来。"我的傻闺女呀!"妈妈拥住女孩,替她抹去脸上的泪水,又问,"这个女同学很可怕吗?"女孩抽噎着说:"很瘦小,但很凶。"

妈妈心里充满了无限的痛!愧!悔!为自己的失职和大意,造成女儿现在的心灵之伤。一直以来,做母亲的只想把她教育成淑女,却从没教会她勇敢与自强;只教会了她做人要有涵养,却没有教会她如何自我保护!

于是,那天夜里,妈妈告诫女儿:"如果她再撕你的作业,你一定要抵抗!她打你的时候,你要大声地告诉她:'如果你再打一下,我一定还手!'然后,找机会把她欠你的钱要回来,你还要盯着她的眼睛告诉她:'我不是蠢猪!'还要拒绝她的纠缠,拒绝放学送她回家。要对她毫不含糊地说:'我们家没钱没势,但也不怕你找人揍我,因为这个社会,并不是谁会打人谁就是赢家!'"

可是,女孩还是流着泪说怕那个女生。爸爸妈妈盯着快赶上爸爸高的女儿问:"你怕她什么呢?"

女孩怯生生地回答:"因为她学习好!"

爸爸妈妈的心突然像被蜜蜂蜇了一下。曾被评为"城市十大杰出青年"的妈妈说:"就算她是县城第一、中国第一、世界第一,可人格上大家都是平等的,没有等级之分。如果她只是学习好而不会做人,那么即使她成绩再优秀,也不配受到大家的尊重。所以你没有必要在她面前低三下四,她也没有任何资格与权利对你打骂和奴役。孩子,记住,涵养并不等于忍辱负重!"

从小被爸爸妈妈引以自豪的乖乖女,被长辈、邻居夸赞的孩子,面对远远不如自己有力量的欺侮者,却不敢挺直脊梁说个"不"字!爸爸妈妈又该做何感想呢?说不定将来还会遇到比这更严重的恶人,女孩,你又该如何应对?

(发表于《山东商报》2013年4月9日,后被凤凰网转载)

写作小记

这种来自同学的暴力行为,有为数不少的学生都曾遭遇过。有的人选择了沉默,就像文中的小女生那样,一直默默地忍着,最终给自己的身心带来难以愈合的伤害。

每个成长中的孩子,都难免与同学、朋友发生摩擦。有了摩擦,我们应该想解决的办法。对于同学无理的行为,在不受伤害的基础上,我们可以选择忍让,但不能没有底线,保持健康的情谊,更要学会保护自己。

文章没有任何技巧,也是用生活中的一则真实案例讲明道理,就事论事,一目了然,这样的写法更容易让读者接受。

谁把天使的可爱偷走了

——校园冷暴力调查问卷引发的思考

豆蔻年华,无忧无虑的追梦的日子、亲密无间的友情、温馨美好的校园……这些对初三女生周童来说,都已化为一个个美丽的泡沫,随风而去。

这天下午,刚踏出校门的周童就被5名同班同学和两名高年级同学挟持到学校对面的一个小胡同里,因为他们怀疑周童跟老班告密,说同班女生孟某某早恋。他们几个不问青红皂白,上来就对周童又打又骂。周童小声地辩解,不是自己告的密。没想到,这样却招来对方更严重的打骂。周童吓蒙了,就像个木偶一样,承受着侮辱。后来,带头打人的孟某某恶狠狠地把周童拽到马路中间,让她罚跪。直到天色很晚,他们才丢下全身发抖的周童扬长而去。

周童回家后,母亲发现她头发乱了,脸上青一块紫一块的,就忙问出了什么事。母亲听了女儿的哭诉后,心痛不已。第二天,周童的母亲找到学校,要求还女儿清白。班主任马上澄清了周童的冤屈,还对这起事件中组织打人的孟某某等人做了相应的处罚,责令所有参与这起事件的人给周童赔礼道歉。按说事情应该就此结束了,但等待周童的却是一把隐形的匕首。

返校后的周童发现,班里的同学没有一个搭理她的,她问别人作业时也没人告诉她。原来又是孟某某同学在背后做了"工作":不允许班里任何同学跟周童说话,还在周童的QQ上说了很多难听的话。周童没想到,自己已经接受道歉并原谅了冤枉自己的同学,而他们却还用这种方式对待自己。这让一向不善言谈的周童在精神上彻底崩溃了,晚上她时常被噩梦惊醒,白天也不敢上学,后来索性把自己锁在屋里不出来。她还对母亲说,你要再逼我上学,就再也见不到我了。母亲当时就被吓坏了,既痛心又焦虑,只得请假回家好好守着她。

此事经媒体报道后,很快在社会上引起强烈的反响。人们在谴责打人者的无德和学校管理疏漏的同时,也对校园冷暴力现象有了更多的关注与思考。

校园冷暴力,又称冷战、精神暴力,是指同学或师生之间发生矛盾冲突时,一方对另一方表现出的冷淡、轻视、放任、疏远、侮辱等,如不理睬对方,将语言交流降低到最低程度,与其他人一起排挤、孤立对方,或在生活上敌对、漠不关心,或者冷嘲热讽、侮辱对方人格等,从精神上虐待对方的一种非正式暴力行为。作为现代社会一种隐形的暴力形式,冷暴力给人带来的伤害比体罚还要严重,它能让一个人的心灵和精神受到双重伤害。本刊记者针对这种校园冷暴力现象,专门做了一项问卷调查,调查对象是 500 多名初中生。通过调查发现,大约有90%的人或多或少地遭遇过来自家庭、学校的冷暴力。而校园冷暴力大多集中在同学与同学之间,也有一部分存在于老师与学生之间。对这种隐蔽的冷暴力行为,有95%的同学坦言,内心有说不出的难受、难过、伤心、孤独、失落;还有5%的同学说,自己已经习惯了被人冷落,都是无所谓的事。下面,就让我们听听他们的心声。

被同学集体排斥后,感觉怎么样?
越来越冷漠,越来越叛逆。

张帆(化名),学习成绩一般,他有个小毛病,就是说话时冷不丁地带个脏字。碰到集体活动时,本来喜欢玩的张帆就跑过去想和大家一起玩,但不知道从什么时候开始,同学们见他来了,不管是活泼开朗的男生,还是善解人意的女生,都会变得异常冷漠,甚至不屑一顾。渐渐地,张帆彻底变了,他对别人也爱理不理的,有时候也会主动挑衅滋事。时间久了,班里的同学越来越不喜欢他了,还有人因为不愿意与张帆的座位靠得太近,当众向老师提出他的种种不是。而老师也会用一种略带歧视的眼光看待他,不屑于对他做过多的教育、批评,反而放任他的所作所为。起初,大家还愿意帮助张帆,但是到了后来,看他一副破罐子破摔的样子,连与他说句真心话的人都没有了。

在调查中,像张帆这样经历的同学还有不少。因为他们不经意的动作或行为,常常遭到别人的冷漠对待。也许张帆他们本来有一颗热忱的心,只是周围同学的冰冷让他们失去了满腔热情。对那些曾遭受过严重伤害的孩子,不但没有人愿意抚平他们的创伤,反而还有人在其伤口上面撒盐,让他们更痛苦。

"惹"了老师后,突然发现一切都变了。
难过,对学习失去兴趣。

刚上初一时,海迪性格外向,说话直爽。从小喜欢英语的海迪,上了中学后,还是时常在课堂上抢着回答问题。有一次,英语老师讲课时无意间记错了两个单词,海迪当即就给老师指了出来。虽然老师当时欣然接受,还表扬了她,但敏感的海迪发现,从那以后英语老师在上课时就不怎么提问她了,有时候遇到比较难的问题哪怕全班只有她一个人举手,老师也不给她回答的机会。后来英语老师还找了个理由,把她的课代表给撤了。一向大大咧咧的海迪渐渐发现,上英语课时老师对她再也没有以前那种赞赏的眼神了。由于落差太大,海迪的情绪迅速低落下来,后来竟然害怕上英语课了。

就这样,英语老师的冷落直接导致了海迪英语成绩的大幅下滑。到了初三,虽然那个英语老师已不再教她,但这件事的阴影还在她的脑海里一直浮浮沉沉着。海迪坦诚地对记者说,虽然自己受到了很大伤害,但她并不怨恨那个英语老师,还感谢那件事让她能更快地成长。

海迪的遭遇,在被调查的同学中也存在着一些相似的案例,其中有个同学因为在公开课上没有按照老师课前布置的要求回答问题,就被老师冷落了一个学期。还有一个同学说,因为背后说了几句老师的坏话,被同学告密,竟然受到了老师一个学期都没给他换座位的处罚。

优秀生突然被好友给孤立了,心里啥感受?

孤独,不解,学习不专注。

李婷(化名)与同学刘海卿(化名)是一对好朋友,又是班里的学习尖子。两个人形影不离,曾得到老师和同学的极大赞赏,有同学还戏称她俩是"强强联手"。没想到,一场误会使两人产生了矛盾。令李婷伤心的,不只是刘海卿不再和她做朋友,就连周围的几个女生也不跟她说话了,因为她们听刘海卿说她如何不讲信誉,又如何小气等。一向珍惜同学感情的李婷,就这样被身边的好友孤立起来。李婷受了冷落后,上课不能专注地听讲,慢慢地得了恐校症,每天不得不硬着头皮踏进学校大门。一向骄傲的李婷觉得自己本没有错,不愿与刘海卿主动和好,也不愿跟别人说起这事。然而身边的同学对她冷一句热一句的讽刺,让她很不习惯。

幸亏后来班主任细心,发现了李婷与刘海卿之间的矛盾,给予及时化解。但谈起这段经历,李婷心里就好像有一道阴影,仍挥之不去。

像李婷这样的遭遇在被调查的问卷中有很多,大都是发生在同学间,时间有长有短,有的是一次争吵,有的是一次误会,甚至因为一句话、一个小动作也能导致冷暴力。有的同学说自己都不知道因为什么事就被同学莫名地孤立了,虽然后来的情形慢慢好了,但还是忘不了所遭遇的冷落经历和难受的心情。

作为差生,不想被老师管,等老师真的对他冷淡后,啥感觉?

无所谓。

男生周洋(化名)从小父母离异,母亲远嫁,父亲又经常出差,就把周洋一个人留在家里。周洋放学后,家里没有人管他,他就拿着父亲留给他吃饭的钱跟同学去网吧玩。渐渐地,网吧就成了他消磨时光的好去处。钱花光了以后,他开始偷同学的自行车卖钱,还把同学的名牌书包和交小饭桌的钱偷了去。再后来,班里不管谁有钱只要被他看到了,他保准能想法给偷走。以后,大家谁也不敢跟他靠近了。周洋也无心学习,任课老师也大多不管他。刚开始语文老师感觉他可怜,还抓抓他的学习。但周洋并不领情,反而对语文老师骂骂咧咧的,甚至公开跟老师顶嘴。有一次,语文老师检查他的作业,发现他连一个简单的问题都写错了,就责令他当场改错。结果周洋非但不听,还当着全班同学的面骂了老师。语文老师窝了一肚子气,说以后再也不管他了。

同学们不与周洋沾边,老师们也没一个搭理他的。周洋爱来就来,想不来就不来。有时候周洋来学校时,同学们还要小心谨慎地看护着自己的东西,生怕一不小心落进他的眼中。

在问卷调查中,周洋的答案是三个非常潦草的字——无所谓。坐在记者面前的周洋,翘着一条腿,扬着瘦瘦的小脑袋,完全是一副无所谓的态度。当问及同学与老师对他的态度时,他不屑一顾,张嘴就说了一个词——无所谓!当记者盯着他的眼睛问他:"你真的觉得无所谓吗?"尽管周洋把头垂下了,但记者还是在他低头的一刹那,捕捉到了这个孩子眼里闪过的无奈和忧伤。

随父母进城读书,被同学歧视后
觉得很难受,但还是忍着,也盼望着理解……

女孩费宏玉(化名)是名外来务工子女。她从小就邋遢,不知道打理自身卫生,都是上初二的女孩了,衣服都洗不干净,身上还常有一股令人作呕的气味。谁也不愿意与她靠近,更不愿意跟她同桌。老师为这还专门找她谈过话,可情形根本不见好转。不仅如此,调皮的学生总爱欺负宏玉,把班里的脏活、累活都推给她,有时还说她弱智。费宏玉也不敢争辩,总是一副很卑微的样子,校园里常见她一个人独来独往的落寞身影。

费宏玉在问卷中还写了她在家里所受的冷暴力。她有两个双胞胎弟弟,父母的心思都在这两个男孩子身上,对女儿在学校的遭遇根本不管不问。父母还说同学欺负她,都因为她自己不争气,放学后就让她看孩子、做家务,不给她写作业的时间。费宏玉说,父母早就不愿意让她上学了,可她舍不得离开学校。费宏玉的调查问卷写得很认真,用了大半页说了自己被歧视的心情。她说,全班没有一个人愿意跟她做朋友,觉得自己很可怜,希望同学们能改变对她的态度。

费宏玉是一个很不幸的孩子,小小年纪的她就承受这么大的心理压力。像她这样的遭遇,在被调查的对象中还存在一些。他们不光遭遇校园冷暴力,还不同程度地遭受着来自家庭的冷暴力。有人在校园里受到孤立或遭遇老师的冷处理后,回家又不敢告诉父母,害怕家长不理解,时间长了,就郁郁寡欢,学习成绩下滑。

在采访中,一位青少年教育心理专家认为,校园冷暴力比暴力行为更伤害学生,它不光让学生失去对学习、对校园生活的兴趣,引发厌学、逃学等现象,还直接影响到孩子性格的健康发展。

某市重点中学的一位副校长在采访中表示,关于校园冷暴力对青少年造成的软伤害问题,希望越来越受到全社会的关注。在这方面,学校应健全教师心理健康教育培训,进一步让教师树立一种尊重、保护孩子权益的意识;多组织学生参加集体生活,多与学生交流,从而建立一种新型的、健康的师生关系、生生关系。通过同学间的友爱互助,把小摩擦消除在萌芽状态。同时,学校要把树立朋友般的新型师生关系与培养学生健康的人格作为教育的方向,还要加强学生的适应能力、承受力以及自信心等心理素质的教育与培养。

记者在采访中与一位家长交流时得知,由于工作压力和生活压力越来越大,家长对孩子的关心和照顾减了不少,有时候根本没时间和孩子谈心。再说,孩子到了十二三岁,往往不屑于与父母交流,有什么事都不愿给父母讲。这位家长坦言,如果孩子遭受到了冷暴力,一般都不会主动给家长说。这时候,家长一定要及时发现苗头,尽快与孩子沟通交流,让冷暴力的伤害降低到最低程度。

来自温州第九中学八年级的刘子怡告诉记者,校园冷暴力是一把藏在校园中的匕首,它随时都可能伤到人,所以冷暴力比体罚更严重。因为体罚若是并非太过残酷的话,也不过是给学生一个深刻的教训,过去之后就好了,但冷暴力留下的心灵创伤并不能短时间内愈合。

校园冷暴力就像是一道无形的墙,看不见,摸不着,却真正地隔绝了同学与同学或老师跟同学间的关系,直接导致彼此相互排斥,互不搭理。有人说:"所有孩子都是天使,只是在成长中谁把天使的可爱偷走了。"到底是谁把天使的可爱偷走了?相信周童还有其他同学的亲身经历,能让我们有所触动。只要我们彼此尊重,相互关爱,或许冷暴力就没有滋生的土壤。我们真诚地呼吁全社会都能行动起来,多给周童他们一个微笑,一个拥抱,一点关爱……让我们每个人都能享受到生活的美好,活出自己的尊严!

(发表于《中学时代》2013 年第 6 期)

✿ 写作小记

　　这是我受《中学时代》编辑之约写的一篇特别关注,通过问卷调查,总结出了校园冷暴力五大倾向。他们中有的受同学集体排斥,有的被老师冷处理,有些差生被同学冷落,也有优秀生被同学孤立,还有来城市读书的孩子被同学歧视。这些受过冷暴力伤害的同学在调查问卷中,流露出痛苦的心声:有的已变得冷漠而麻木;有的破罐子破摔,甚至直接选择了退学。对他们来说,校园已不再是美好的环境,而是痛苦的发源地。就像文章最后所说的:"校园冷暴力就像是一道无形的墙,看不见,摸不着,却真正地隔绝了同学与同学或老师跟同学间的关系,直接导致彼此相互排斥,互不搭理。"这样的关系,不仅影响了学习,更影响了他们的身心健康。

　　写这样的关注报道,必须用事实说话。虽然其中蕴含的道理人人都懂,但也要结合案例进行具体分析,这样才能有说服力,既能引起更多人的关注,也能给无意间制造冷暴力的人一个反省的机会。在文章的最后还要做出正能量的呼吁,如此,方可引起人们的重视,让迷茫的学生得以健康快乐地成长。

女孩心中那堵墙

　　她,一直是个优秀的女孩。在家里,乖巧懂事;在学校里,勤奋刻苦。可不知为何,偏偏在临近中考的时候,两次重要的模拟考试却考得惨不忍睹,这种情况是她以往从来没有过的。二次模拟成绩出来后,不光老师急了,家长也急了。

　　作为老师,我找她谈过好几次话,家长也一直在做工作,都想帮她找出原因,好对症下药。她态度倒也积极,有问有答,一如既往地虚心。对一落千丈的成绩,她自己总结为压力太大,但我和家长心里明白,孩子装着很重的心事,还为这心事竖起了一堵厚厚的墙。

　　所幸在中考最关键的时刻,她终于突破了心理障碍,调整心态后奋起追赶,最后一搏,终于勉强进入理想的高中,让老师和家长先忧后喜,她也终为自己画上了圆满的句号。

　　暑假里我应邀去了她家,看她胖了一圈,也开朗了很多。喜欢看书的她兴奋地跟我交流着读书心得,还不忘向我推荐她看的好书。

那天,我们聊了很多,其中也聊到了她最隐秘的心事。她拿出了一封信给我看,说她终于看开了,不再把问题想得那么简单。

她是单亲家庭的孩子,还不到两岁的时候,妈妈就带着她从遥远的海滨小城来到济南,住到了外公外婆的家里。外公外婆有一儿一女,儿子当兵不在家,她和妈妈就成了家里的主要成员。妈妈帮着外公打理生意,外婆照看着幼小的她,一家四口过着温馨、平静的生活。可渐渐懂事的她总觉得自己少了什么,特别是看到自己的小伙伴们跟爸爸妈妈在一起的时候,心里总会有说不出的失落感,这种失落甚至让她生出一种莫名的自卑。

小小年纪的她,从妈妈的只言片语中知道了一些大人间的事,知道了她也有一个叫作爸爸的人。但她从来没有具体问过关于爸爸的任何事,家里人也没有谁跟她说起过。那份失落就一直默默地伴随着她,囤积得越来越浓。

在她上小学的时候,有了现在的继父。继父对她很好,她也对这个起初叫叔叔,后来改嘴叫爸爸的人有着发自内心的亲近感。但这种感觉总是填补不了她心中的那份失落,她总觉得与继父之间有一层说不出的隔膜。后来,妈妈又给她添了一个弟弟,弟弟从小活泼好动、顽皮淘气。外婆总点着弟弟的后脑勺,数落道:"你看你晨晨姐多听话,从小就让人省心,到哪里都是乖乖女的样子,哪像你这样蓑衣(调皮的意思)。"

一边的她听了,心里就会莫名地泛起酸酸的感觉。

其实,她内心深处更渴望自己能够像弟弟一样活泼,活出孩子的本真。她从小就明白自己要懂事,不要让大人烦心。这样的暗示渐渐成了她的"紧箍咒",她觉得自己从来就没大胆地、真心地表露过一次心迹。

那一天,她应邀去同学家做功课,看到同学的爸爸与同学有说有笑,嘻嘻哈哈的样子,全然不像继父和她那样客客气气。回家的路上,她边走边想,如果自己与亲生爸爸在一起,说不定也会有这种女孩子的娇气。可从小到大自己何曾有过?

"我的亲生爸爸在哪里呢?"她站在窗前,时常望着圆了又缺、缺了又圆的月亮,不止一次地发问。

有一天,她一个人爬上了附近的凤凰山,望着一列又一列远去的火车,一直待到了很晚才回家。没吃晚饭,她就早早睡下了。晚上,她做了一个梦,梦到了爸爸:爸爸穿一身军装,就像他和妈妈结婚照上的模样一样。

第二天,她趁家里人都在外面忙碌的时候,翻箱倒柜地终于找到了她想要的东西——一只旧柜地存放的破纸盒,里面有几封爸爸早些年写给妈妈的信。只有一封有内容，其他的只剩了信封。她偷偷地记下那个地址，又读了一遍那封信的内容，信里除了爸爸妈妈之间的矛盾纠纷，别的一概没有涉及。但她还是感到一种从没有过的开心，她决定按照这个地址给爸爸写封信。

几天后，一封厚厚的长达十几页的彩色信笺，载着一个女孩对亲情的渴望，飞向那座遥远的海滨城市。

一天，两天……她在心里暗暗地计算着时间。晚上写完作业后，她会在被窝里想象爸爸接到她的信、看到她的照片时泪流满面的模样；想象着有一天她的手机突然响起，电话那头会传出一个浑厚的声音，哽咽着叫她"晨晨"；她甚至想象某个课间，传达室的于师傅急匆匆地跑到班里来告诉她，她的爸爸在外面等她……

可日子过去了许久，什么都没有发生，那封信也石沉大海。但是，她在焦虑中依然企盼着给她带来无限期待的回信。

学习越来越紧张，她也越来越焦虑，期盼的心情也越来越强烈。她不能告诉家里的人，尤其是继父。继父对她一直很好，她害怕继父知道她这样想念自己的爸爸会很伤心。还有妈妈、外公和外婆，他们都说过爸爸的许多不好。特别是外婆，只要一提起爸爸，就骂他是个最没良心的人。

她也不能告诉同学和老师，这种事，没有亲身经历的人，是无法理解她内心的痛楚的。每次看到班里那几个和她有一样家庭遭遇的同学，总是背着沉重的心理包袱时，她心里就更加郁结。

她实在不能理解，爸爸妈妈在分手的时候为何不多考虑一下孩子的感受。她始终觉得，离婚是父母对孩子最残忍的精神打击和心灵摧残。

爸爸一直没有来信，也没有打电话给她。她不能怀疑那封信的地址有错，因为那是爸爸的老家，妈妈曾经说过那也是爸爸工作的单位。她只能怀疑这封信被谁弄丢了，爸爸没有收到。

这样想的时候，她就好受多了。她决定等中考完了，再写一封，争取用挂号信发走。她用了一周的时间调整好自己的心态，迫使自己不再去想那封信的事，不再想那个遥远城市里与她有着血缘关系的那个人。

没想到，沉下心没两周的她，还真收到了那座城市的来信，那是距离中考不足一个月的时候，是她发走那封信的第三个月。

那天，她和我说起这些事的时候，双眉一直紧蹙着，脸上呈现出一种复杂的表情。她从床头下的鞋盒里拣出一封信，一边递给我，一边说："没接到信时朝思暮想，感觉焦虑得不行，可真接到信了，一点都激动不起来。特别是读了信的内容后,真想大哭一场。"

我打开信封,抽出信笺。看完这位爸爸认认真真的回信,我也茫然了。"这是一个有感情的爸爸吗?"我在心里问着自己。

开头就说,接到信后很意外,因为忙于其他事务,没有及时回信。信里看不出半点激动的心情,倒完全是像写给普通人的语气,淡漠得让人心堵。后面的内容都是申述当初离婚的缘由,除了说她的妈妈不好,就是说他目前生活的艰辛,别说来看望她了,信里连个联系电话都没给她留下。

最后几句倒是专门对她说的:你好好学习,自己照顾好自己。我不能来看你,也不会与你联系,我恨你妈那一家人。我现在挣钱不多,还要养家。当初离婚时,你妈说过,不要我的抚养费……

自始至终,这封信里没流露出一点亲情来。

也许就是这封信一下敲醒了她。她原以为父母的恩怨不会隔断父女亲情,没想到,远没有她想象得那么简单。

"亲情的链条一旦断开,再接起来也是带着伤痕累累的印记。都十几年过去了,为何那些陈年的记忆只有恨而没有爱?妈妈与外公一家将我养大,这也总算一种恩情吧!"

她跟我说这话的时候,小小年纪的她显出了大人一样的成熟。

我相信,这封信一定是把一直在她心头思念着的那个人和那个名字打进了十八层地狱。她说过,正是这封信阻止了她不再想三想四,不再企盼那份奢侈的亲情。

我知道,女孩那堵心上的墙已经被彻底地推倒,在墙轰然倒掉的时候,她心里那扇思父的大门也永久地关上了。

(发表于《中学时代》2012年第7期,改名《父爱的距离有多长》)

写作小记

孩子都有期盼父爱与母爱的心愿,这是一种天性,即使离异家庭的孩子也有这种强烈的愿望。可是做父母的往往很少站到孩子的角度上去考虑问题,特别是离异家庭,往往相互仇视的成分多于理解。而孩子在这样的生活氛围里就慢慢失去了原本的单纯与朴素。文章中的小女孩便是这样一例。

这是一个真实的故事,我见证了文章中女孩内心的痛苦与挣扎,绝情的父亲让她饱受了相当一段时间的煎熬。她对父爱的期盼一点点地变冷变淡,直到最后忍泪放弃。如今的她,早已走出心灵的雾霾,开始正确地看待人生,看待生活里的悲欢离合。

女生安晓菲

那年,那个多雨的秋季,安晓菲回到了学校。

一个月没露面的她,像幽灵一样地闪进九年级教师的办公室。

正是午休时分,伏在桌上刚想眯一会儿的我被她冷不丁的一声"老师"吓了一跳,抬头看时,又吓了一跳。

一个月不见,安晓菲苍白的小脸尽显蜡黄之相,发型也一改往日的时尚,只是松散地挽成一个马尾,那双不羁的大眼睛再也找不到神气活现的神采,就是久住医院的病人也未必这样的憔悴。

"你回来了?病好了吗?谁送你来的?"我盯着她连续发了三问。

这孩子,让我恨之、忧之、怜之,也爱之。一个月没来学校,我和同学们还都有点想念她。

从我接这个班以来,这个富家小姐不知道给我出过多少难题,制造过多少大大小小的麻烦,让我生过多少次气,费过多少唇舌。

学校不允许学生穿奇装异服,她硬着头皮把她妈妈从韩国带回的时尚衣服一件件地穿到学校;不让学生留怪异发型,她三天两头地变换着前卫发式;不让学生去咖啡馆、网吧、KTV,她总带着一帮又一帮的男生女生从容进出;学校规定学生不准带手机到学校,她不仅带着,上课还开着,时常在课堂上玩游戏,甚至还上网;几乎每天都是浓妆艳抹地进出校园;还时不时地跟我玩几天失踪……

我们班就因为安晓菲的出格,月月扣分,月月被点名,从没评上一次流动红旗和优秀班级。我批评过她,罚过她,也撵她回过家,跟她爷爷奶奶当面谈过,与她父母电话里交流过,但是都没用!安晓菲依然我行我素,最后只好一切由她了。从初一到初二上学期,她就一直这么跟我捣乱。

安晓菲是个富家女,父母离异,却都有不少的钱,爸爸妈妈一人一家大公司,一人一个富丽堂皇的家。安妈妈常年在国内外跑生意,还嫁了一个韩国外商,钱挣得比安爸爸多好几倍。可安晓菲谁也不跟,就愿意和老工人出身的爷爷奶奶在一起。有一次,我问晓菲为何不去妈妈安排的私立学校。她说,她不想当贵族子弟,自己是个穷孩子,虽然父母都争着给她钱花,但钱不等于有爱。我听了心里特别辛酸。从此,我不再当着同学的面数落她,相反还给了她更多的关心。

安晓菲是个智商很高、学习能力较强的女孩。虽然她一个月总有一两个星期不来上课,但只要认真听上几节,成绩总能达到中上水平。她没写过一次理科作业,但作文写得很有特点,思想和刚毕业的大学生一样成熟。我看过她的QQ空间,文章里甚至透着成人一样的忧郁,就连小小的幽默也是一种成人的语调。

她与老师、同学的关系处得很好。因为她很重情义,把钱也看得特别淡。

学校开运动会,安晓菲给班里买来了三四百块钱的巧克力和矿泉水;元旦文艺活动,安晓菲给我们班女生提供化妆品和服装;大家给生重病的丁小雪捐款,安晓菲一下拿出五百,还让安妈帮丁小雪从香港买回了进口药;教师节,她给每个任课老师送上一大束康乃馨;有一次我病了,三天没去上课,她组织班里的女生轮流帮我接孩子……

安晓菲有点偏瘦,小脸白得缺少血色,看着她单薄的身子裹在宽松的韩服里,让人顿生怜惜,总怕一阵大风刮来将她吹跑。有一次和我闲聊时,她悄悄地对我说,奶奶跟爷爷私下里给她算过命,算命先生说这孩子命浅,活不长远。

说这话时,安晓菲的声音像从幽谷里飘来的,把我的心揪得一阵阵发凉。

我瞪她一眼:"不许瞎说!"

安晓菲笑笑:"老师,是真的! 我也感觉自己活不长呢!"

我拉过她葱白一样的纤手,指着她的掌心说:"看你的生命线多旺相!"

安晓菲笑出了声:"老师还信这个!"

快期中考试时,安晓菲又失踪了。我打她手机,关机。

电话打到安奶奶那里,安奶奶说晓菲病了,去她爸那边了。安奶奶语气里尽是担忧。我打安爸爸的电话,电话光响没人接。安妈妈也没回我短信。

学校便放出话来,说安晓菲是特例,可以不用再管了。但我一直不放心。

没想到安晓菲今天终于来了,算算竟有一个月有余。回来的她,一脸憔悴。

我盯着她,亟待她的解释。安晓菲却突然脸红了,确认办公室只剩我一个人时,她轻言慢语地说:"老师,我活不了多久了,因为我得了大病!"

我"噌"地一下从椅子上弹跳起来:"你说什么?"

安晓菲被我的举动吓着了,一时语塞,瞪着我,愣怔在那里。她可能没想到我会有这样强烈的反应。

"你刚才说什么？"我急急地问。

"我活不多久了，医生说我是白血病。"安晓菲把头垂得很低，声音像从冰窟里传出来的。

"天！"我一腚坐到了椅子上，脸都绿了。

安晓菲却很平静，她说她是来退学的，还决定随妈妈到韩国，在那里度过自己最后的时光。这半年爷爷也病得很重，奶奶天天在医院和家两个地方忙活。她不想让奶奶操心，也不想让奶奶伤心了，反正自己是个活不长久的人。

从来不流泪的安晓菲这一次哭了，她说她本来就不应该来到这个世上。她看着窗外幽幽地说："树叶落下来，还有大地接着，我飘荡了快16年了，还一直在半空中旋着。爸爸有爸爸的幸福，自管去挣他的钱；妈妈有妈妈的幸福，自管去寻她的快乐；他们用钱和美丽的衣服堆起了我无尽的孤独。爷爷奶奶对我再好，我也只是一个活在他们叹息声里的短命的孩子。"

这是一个孩子绝望的心声。那天，我陪安晓菲也流了许多眼泪。我心疼这个可怜的孩子，可我又帮不了她。

一年过去了。安晓菲没有任何消息。我想象着她变成了一个健康快乐的孩子，正在异国他乡编织着少女青春的梦。

我也时常打开安晓菲送给我的精美日记本，每每读到上面那行娟秀的文字"老师是那枚贴在我心上的枫叶，何时何地都不会褪色"，安晓菲那瘦瘦的苍白的影子就会清晰地浮现在我眼前。

安晓菲，你知道很多人都在想你吗？

（发表于《时代文学》2013年12期上）

✿ 写作小记

安晓菲其实是个早熟的孩子，她本性善良，重情义，乐于助人。但她是不幸的，她的不幸代表了当下相当一部分孤独的孩子。在他们成长的最关键阶段，需要的绝不是大把的零花钱，也绝不是衣食无忧的生活，他们需要的是爱，是一个有爸爸也有妈妈的温暖的家。而这些并不是每个家长都能体会到的，跟年长的老人需要的不是物质和金钱而是子女的陪伴一样，成长中的孩子更需要爸爸妈妈的呵护与相伴。

本文讲述的不单单是一个校园青春故事，也讲述了一个值得社会关注的问题，更是如今在外面努力打拼的父母应该换位思考的问题。安晓菲的叛逆完全是一种孤独的宣泄,更是对父母不尽家长义务与责任的不满与抗议。文章选取了安晓菲成长中的几个典型事例,采用倒叙的写法一步步地将这个问题女孩展现在读者面前,情感脉络清晰,且层层深入,失望—放弃—同情—牵挂—想念,让人读罢感慨万千。

被遗忘的楚小茉

楚小茉是个女孩子,生下来就是奶奶的命根子。奶奶一辈子谗闺女,结果自己养的四个全是儿子,前三个儿子也都没生闺女,只有小茉的妈妈最后圆了她的梦。

奶奶给这个孙女起名叫小茉。小茉一断乳,奶奶就对小茉的爸爸妈妈说:"这个女娃由我来带,你们两口子该干什么就干什么去。"小茉的爸爸妈妈就很大气地一甩手去了海南,承包了一个养殖场,好几年都不曾回家。

小时候,奶奶给小茉留了长长的头发,每天都很耐心地给她扎成两条长长的花辫儿,干干净净的额头上每天都有奶奶点上的红圆点。而且到哪里都是奶奶的一只大手,紧紧地牵着她的一只小手。

小茉三四岁时经常感冒,往往咳嗽两声,奶奶就心疼得不送她去托儿所了。时间一长,小茉便不习惯去托儿所了。上小学后,性格有些孤僻的小茉极不适应奶奶不在身边的生活。不光学习跟不上,她与同学也不合群,常常一个人独来独往。一遇到不顺心的事,小茉就一个人往家跑,边跑边哭,奶奶看着她一双通红的眼睛,就以为孙女在学校受了同学的气,不问青红皂白,就到学校找老师,常常弄得老师一头雾水。时间长了,老师就跟同学们说尽量都不要去招惹楚小茉。在小学生的眼里,老师的话就像圣旨,于是,学生们就愈发地远离她,更没人和她说话了。

小茉上初中后,爸爸妈妈从南方回来了,但小茉却一点都不愿意与爸爸妈妈亲近。爸爸妈妈买的新房又大又漂亮,可她不想住进去;爸爸妈妈买的小轿车,奶奶不去坐她也不坐。在小茉看来,爸爸妈妈甚至不如邻居家的叔叔阿姨亲切。父母拗不过小茉,就让她继续和奶奶住在一起。

前年冬天,小茉放学回家找不到奶奶了,妈妈告诉小茉,奶奶突发脑溢血,正在医院急救。小茉不知道脑溢血是什么病,但她知道这一定是种不小的病。妈妈前脚刚跨出门,小茉就一屁股坐在奶奶的床沿上放声大哭起来。妈妈听见了,又折回来,二话不说就带她去了医院。在医院的重症监护室里,小茉看到了闭着眼只张着口喘气的奶奶。小茉吓得又"哇"一声哭了起来。

没过三天,奶奶就撇下小茉走了。家里人在处理奶奶的旧衣物时,小茉看得紧紧地,谁也不让动,她说奶奶还会回来的。

奶奶走后,小茉在学校里更沉默了,有时几乎一天不说话。她一个人在座位上发呆,恍恍惚惚地听课,考试成绩越来越不好。小小年纪的她,眼里的忧郁比从前更深更浓了,老师和同学们提到她,总说她是个孤僻的小孩。

初三新学期,都开学两三个周了,我看到小茉的座位还一直空着。问其他同学怎么回事,大家都平平淡淡地说,楚小茉过暑假时被马路上的车撞了一下,要养半年的伤呢。我就没再多问,直到后来中考结束了,也没再听到同学说起她。于是,楚小茉很快就淡出了老师和同学们的记忆。

有一天,有个新初一的女生问我:"老师,你还记得楚小茉吗?"

"嗯,从她小时候就认识,我和她奶奶住在一个宿舍里。上初中后,我又教过她一年,听说她被车撞了,就不上学了。"

"小茉姐的妈妈和我妈是同学,我也认识她。"

"噢,都好几年了,她现在做什么呢?"我很关心地问那女生。

"她刚死了,是从医院的楼上自己跳下来的。"女孩的话让我大吃一惊,"阿姨跟我妈妈说,小茉姐姐得了抑郁症。"

我长叹一声,说不出心中是什么感受。

爱,本是一个温暖的字眼,一种温馨的情感,但若没有节制地付出或没有理性地接受,链条一旦中断,对接受的一方就是致命的毁灭。

(发表于《中学时代》2012 年第 7 期,又发《济南作家》2012 年第 5 期)

写作小记

成长中,没有爱,会孤独,长大了也不会给予别人爱;成长中,爱太多,也会孤独,被爱的人没有自己的情感空间,久而久之不但会产生依赖,也不知道该如何爱自己,如何爱别人。尤其是后者,一旦失去了这种依赖,就会无所适从,难以适应新的环境,不能与他人正常沟通,就可能产生不健康的心理。

楚小茉就是这样一个孩子。在我们的生活中也不乏这样的案例,爱与不爱一旦走向极端,就会酿成意想不到的悲剧。文章以小茉的成长经历为主线,写了她短暂的一生。小茉的不幸也是一种爱的不幸,正如文章结尾所言:爱,本是一个温暖的字眼,一种温馨的情感,但若没有节制地付出或没有理性地接受,链条一旦中断,对接受的一方就是一种致命的毁灭。

楚小茉的悲剧对于过度溺爱孩子的家长来说是一个血淋淋的教训。写这篇文章既是警示家长的过分宠爱,也是为了让大家多关心像小茉这样的孩子,倾听她们的心声,使她们走出心理困境,更健康地成长。

牵着我的手
——关注外来务工子弟

镜头一:

炎热的夏季,正是中午时分,日头正毒,在济南标山附近的一个菜市场,"小不点"正蹲在父母卖菜的摊位后面,好奇地看着来来往往的车辆和人群。在菜摊后面搭建的简易棚里,一家三口简单地对付着吃点午饭,卖菜用的菜筐倒过来就成了小饭桌,上面还摆着几副碗筷。平常爸爸妈妈忙不过来的时候,"小不点"放了学也会帮着卖卖菜,收收钱什么的。"小不点"叫张翔,就读于一所专门接收外来务工子弟的学校,正读初一。因为他比同龄人看上去个子矮小,所以同学们都亲切地称呼他为"小不点"。

镜头二:

周六早上六点左右,只有12岁的晓曼已经在帮妈妈卖早点了。到了周末,买早点的人很多,妈妈忙得不可开交,晓曼就帮妈妈收个钱或递个方便袋。晓曼跟"小不点"是同班同学。晓曼的亲生父亲在跟妈妈离婚后,没几年就突然去世。现在,晓曼跟妈妈,还有继父及继父带来的哥哥一起生活。一家人的生活很拥挤,尤其是妈妈很是辛苦。但晓曼却很知足,她知道妈妈为她吃了很多苦,心想长大后一定好好孝敬她。长得比同龄人略高又略胖一些的晓曼,站在妈妈的身边,就像是妈妈的保护神。

镜头三:

一处低矮的平房,原来是一个企业的职工澡堂,现在经过简单的整修后就是雨欣在这个城市的新家。父母都在这个城市打短工,平房低矮潮湿,里面摆了两张床和几件简单的家具。为了给雨欣提供好的教育环境,父母放弃了在老家做的生意和宽敞的房子,在学校附近租了这间小平房。放了学,雨欣就坐在简陋的书桌旁,开始做作业,碰到不懂的问题时,雨欣就给同学打电话。让父母欣慰的是,女儿雨欣的学习从来不让他们操心,学习一直很好。

镜头四:

晚上七点半左右,在一所外来务工子弟学校——济南锦苑学校,初一某个班还有几名学生没有放学。他们几个都是从老家农村转学来的,由于英语底子较差,经常跟不上课,老师只得给他们几个单独开小灶。英语老师看着这些苦于找不到学习方法的孩子,便想到了自己的孩子,心里充满了爱和责任,只要有空闲时间,就耐心地给他们几个补课。在老师苦口婆心一遍遍地示范讲解后,他们总算记住了单词的用法。准备回家时,憨厚的他们还不忘给老师说声"谢谢",眼睛里满是感激。

当越来越多的外来务工人员涌入大城市的时候,"小不点"他们也跟着父母从熟悉的家乡来到陌生的城市,成为这个城市的一道风景,社会给予这道风景一个共同的称谓——外来务工子弟。这是一道极易被忽视的城市风景,只有走近了,你才会感觉到它的独特。在城市繁华的背后,你可注意到这道风景的可爱、悲苦、坚毅?他们的父母在城市里辛苦地穿梭,大多干着别人认为又苦又累又脏的活:有的在菜市场卖菜,有的在小区门口卖早点,有的干家电维修等售后服务,还有人自己开个门头干点小生意。但无论怎么辛苦,在这些进城务工的父母看来,只要孩子能跟着自己离开相对落后、封闭的小山村,来到城市里读书,能接受城市优质的教育资源,在他们看来就是值得的。

这些在城市和农村夹缝中生存,被称之为"夹心饼干"的孩子们,每个人都有其独特的地方,他们在城市里学习和生活的感受也都千差万别。在交谈中,我们也感受到,他们因不能完全融入城市生活而出现这样或那样的困惑;他们的情感世界相对单调,与城市的同学相处时难免有隔阂,不能完全融入到同学们当中去,并对亲密无间的友谊非常渴望。另一方面,他们也继承了父辈的质朴和善良,感染、影响着其他同龄人。在他们身上,有很多个是来到城市里读书后发生的"第一次",透过这些"第一次"背后的故事,你会发现这些孩子就像夹缝里开出的苦菜花,在艰难的环境里绽放着朴素而美丽的光华。

"第一次"跟老师拥抱

相比别的同龄人,"小不点"有点内向,不太爱说话。他虽然三四岁时就跟着父母来到济南,但由于父母卖菜没有时间管他,导致他连一个可以一起玩的小朋友也没有。上学后,"小不点"很少与同学交往,甚至在课堂上也从来不主动举手发言。在被问到来城市里上学后有没有让他最难忘的事情时，"小不点"点了点头。他说，有次班会课的主题是"拥抱别人"，看谁在规定的时间内能拥抱的人最多。活动一开始，同学们都积极响应，只有"小不点"局促地站在课桌前，不知道该怎么迈出这一步。因为从记事起，"小不点"就不知道拥抱是什么滋味了。在活动结束前的几秒钟，班主任老师快步走到"小不点"面前，张开双臂，紧紧地拥抱住他。"小不点"说，那一刻，他感觉很幸福。

"第一次"出去旅游

在城市里长大的孩子，估计公园、动物园、科技馆这些都经常去吧。可在雨欣看来，这些地方她都很陌生。雨欣是初一转到城市里来读书的，她觉得这里的学校和老师都比以前在农村好多了，所以她格外珍惜。放了假，她就老老实实地待在出租屋里用功学习，从来不跟父母要求出去逛逛玩玩，因为她知道父母太不容易了。她说，只有好好学习才有出路。

想将来当个潇洒女军官的雨欣，兴奋地告诉记者，"第一次"出去旅游的经历太令人难忘了。在学校和爱心媒体及企业的赞助下，品学兼优的雨欣非常幸运地参加了这次外出旅游活动。她说，从小到大自己还没出去旅游过，就连生活的这座城市也没怎么逛过。父母因为工作太忙，根本没时间陪她去玩。在旅游中，她第一次看到了向往已久的大海，倾听着洁白的浪花拍打海岸的声音，她说那种感觉真的是用语言无法形容的。

"第一次"跟妈妈合影

在晓曼家采访时，我感触很深，因为在这个重组家庭里有很多不为人知的心酸。在小学三年级时，晓曼因为亲生父亲意外去世备受打击，患上了深度抑郁症，最后不得不长时间请病假。妈妈带她去看了很多医生，用了近一年的时间才渐渐调整过来。晓曼妈没白没黑地打工挣钱。后来，有人给她介绍了现在的丈夫，还带着一个儿子。两个家庭搬到了一起后没有多久，晓曼新爸爸的老家就发生了变故，只剩一个体弱多病的老爹无人照顾，后来把老人也接到济南来了。晓曼妈说自己就像一只陀螺，围着这个五口之家不停地飞转，好在现在的丈夫对晓曼不错。

"你觉得城里的孩子对你有排斥吗？"

"有！"晓曼立刻从妈妈身边坐起来，抹了下眼泪继续说道，"他们总认为自己是本地人，时不时地说些风凉话给我们听，还孤立我们班的几个外地同学。"

"你觉得这里的学习环境比老家好吗？"

"那当然好啊！要不俺妈也不会出这么大的力硬撑着让我来济南上学。"晓曼很满足地回答我。

"你有什么梦想吗?"我小心翼翼地问道。

"想努力考个好大学,再找个好工作干,多挣些钱养家,不让我妈再这么辛苦地打工了!"晓曼眼里泛起泪花,心疼地看了妈妈一眼。

"俺这孩子可懂事了,家里有活从来都抢着帮我干,有空还帮我去看摊,还自己会做饭。"晓曼妈说,"穷人的孩子早当家,真是那么回事。"

这时,晓曼冲妈妈笑了笑,娘俩儿又使劲往一起靠了靠。我赶紧拿起相机,"咔嚓咔嚓"给母女俩拍了张合影。

晓曼妈眼里含着泪说:"这些年来城市里打工,生活不顺,我从来没带孩子出去玩过,更别说跟孩子合影了。"此刻,晓曼幸福地偎依在妈妈的怀里。

"第一次"参加学校器乐团

在学校,我见到了已是学校器乐团成员的张罡。张罡说,自己小学毕业后就到爸妈打工的城市来读书,刚来时也觉得很不适应。语言不通,不会讲普通话,也融入不到同学们中。但让张罡感到最困惑和最苦恼的是,他没有任何文艺特长,看别的同学吹拉弹唱样样精通,而自己什么特长都没有,心里很不是滋味。有一次,张罡在小广场上碰见了一个卖葫芦丝的,一边吹着曲子,一边卖乐器,一曲优美的《月光下的凤尾竹》让他听得如醉如痴,心想要是自己会吹该多好啊。他赶紧回家跟在城市里打短工的父母商量,说想买个葫芦丝,自己先学着吹。父母一问买个普通的葫芦丝价格也不贵,就答应了。就这样,从来没接触过音乐的张罡,对着指导书一点一点地学习乐谱,一有时间他就拿出葫芦丝来认真地琢磨、练习。

半年后,班主任说,准备选拔几个会乐器的同学参加学校器乐团,以后代表学校参加大型比赛。张罡一听,心里痒痒的,看看老师,再瞅瞅身边的同学,想举手但又怕被人嘲笑。班主任看见了他紧张的模样,就鼓励他说,只要会点乐器,愿意学,音乐老师会专门培训的,不用太担心。在老师信任的目光中,张罡终于举起了手。加入学校器乐团后,张罡一下子打开了眼界,跟着指导老师有板有眼地练起来。除了葫芦丝之外,他还学会了别的乐器。三个月后,张罡就靠着勤学苦练的劲头逐渐在乐团站稳了脚跟。

据张罡所在学校的宋主任介绍,一有大型的比赛,这些乐团里的孩子,尤其是像张罡这样从外地农村转学而来的孩子,特别珍惜机会,还特别能吃苦,甚至让他们站在太阳底下排练一个下午,都不觉得累,也不喊一声苦。

张罡说,参加了学校器乐社团后,不仅乐器玩得越来越熟练,他的性格也开朗了不少,和同学们也有了很多共同话题,平时班级里搞个娱乐活动他都能参加了。

在"小不点"这些孩子身上,还有很多来到城市里读书后才有的"第一次"——第一次去肯德基吃饭,第一次去电影院看电影,第一次在班会上发言……在采访中,济南锦苑学校的黄校长表示,这些跟随父母来城市里读书的孩子,学校和老师从来不会戴有色眼镜看他们,在学校他们跟别的学生一样都是平等的,老师甚至还会针对他们学习上的薄弱地方进行单独辅导。这些孩子受父母影响比较深,在生活习惯和学习能力上都有个适应以及提高的过程。那些家庭比较困难,但又品学兼优的孩子,学校已经开展了一系列的针对性活动,比如教师跟学生结对帮扶等。黄校长说,"小不点"他们身上有个共性,就是不太爱表达自己的情感,对自己缺乏信心。他希望,这些跟随父母来城市里读书的孩子们不要太在意别人的眼光,谁都有"第一次",要勇敢地去适应这个社会。

望着这些单纯而又善良的孩子,谁也不忍心去评论他们的父母带着年幼的他们来城市里读书是否是个正确的决定。有时候,你问他们自己的梦想是什么,他们都嗫嚅着不知道怎么说。也许是他们不敢说,也许是他们不知道该说什么。他们和自己的父母一样,初来乍到时对陌生的一切多了些戒备,多了些惶恐。但随着时间的推移,我相信,这些淳朴的孩子一定能走出自我封闭的空间,融入到城市的文明中。

让我们不再忽视这道风景,亲切地叫着他们泥土气的乳名,牵着他们的小手,走近他们的生活,让这朵朵摇曳的苦菜花扮亮城市的一隅。他们憨憨的笑容,勤劳的小手,也在告诉我们:请牵起我的手,别让我生活在城市心灵的漠视窗口。

(发表于《中学时代》2013 年第 11 期)

写作小记

这是一次采访实录。随着城市的日益发展,来城里务工的人越来越愿意把孩子带到身边上学,希望孩子能接受与城里孩子一样的教育。这些跟父母一起来城里生活学习的孩子,过去人们叫他们"外来务工子女",现在则称为"新增城市人口"。他们的父母,有的在城里当老板,有的在城里打工,还有一些以卖饭卖菜摆地摊为生。多数家庭生活条件简陋,租着简易的平房,平时忙于生存,无暇照顾孩子。这些孩子小时候上完学,就跟父母到摊子上写作业、玩耍,稍大点还要帮助父母看摊子卖东西。

与城里孩子相比,这些孩子总有一些自卑。现在随着时间的推移与经济的改善,他们已经越来越适应城市生活。有些年轻的打工者现在直接在城里买了房,他们的孩子已成为真正的城市居民。

这篇文章通过对一部分外来务工子弟的深入采访,从多个方面展现了这些城市小主人的内心情感。几年过去了,当年的这些同学已慢慢长大,渐渐融入到了这个城市之中。文章的结尾以暖暖的口吻道出了我们心中美好的愿望,如今这个愿望正在一步步实现,一张张可爱纯朴的小脸已绽放出欢乐的笑颜。

藏在鞋盒里的纸条

父亲很犟,他比父亲更犟。自打初二有一次,他因误会与同学打架,恰好被路过这儿的父亲看到,父亲不问青红皂白,就当着同学的面捆了他一个嘴巴,此后他就再没和父亲说过一句话。

高中三年更是如此,父子俩互不搭理早已成了惯例。他需要什么时,就索性用纸条代替。需要钱了,他就在纸条上注明用钱的原因,需用多少,何时用钱等。父亲所要做的,要么放下钱,要么写下自己的意见。此后,他也没再叫过一声"爸",纸条上的内容无非是就事论事。当然,父亲也没喊过一句"儿子"。即便上了大学,他也依然没和父亲说过一句话。再后来,慢慢地他跟父亲连用纸条交流的方式也免了,有啥事干脆由母亲来传递。虽然有一次他离家返校,偶然回头看到了站在阳台上的父亲一直远远地注视着他,让他心有所动,但一回到学校,他就完全忘记了,而且以后离家时再也没回过头。

升大三那年,他找了份兼职,决定暑假期间也不回家了,到寒假时再回家。母亲来电话说,父亲病了,希望他能回家看看。这么多年过去了,虽然在内心深处他早已原谅了父亲,可不知为什么他还是对母亲说:"临近期末考试了,很忙,根本没时间回去。"母亲在电话那端听了,一句话也没说,只是长长地叹息了一声。放下电话,他好像看见了父亲瘦削的背影,感到很揪心。他也没多想,就这样一直等到了学校放寒假,他才磨磨蹭蹭地最后一个离开学校,回家。

他提着行李箱刚进家门,就被母亲直接带到医院。路上,母亲告诉他:你爸病得很重,以前时常发作的胃溃疡已经转成了胃癌,确诊时已是晚期。医生说即使做手术也无力回天了,还说你爸也就能撑到来年2月份。他顿时愣住了,停下脚步,盯着母亲问:"为何不早点跟我说?""当时你爸不让我告诉你真相,怕影响你考试。"母亲是听惯了父亲话的。他拔脚就往病房跑,母亲在后面拼命地撵。走进病房的一刹那,他怔住了,才一年不见,父亲已经完全变了模样:头发几乎全白了,双目沉陷,露在被子外面的胳膊已经瘦得皮包骨头。

挂着吊瓶的父亲正睡着。

他迈着千斤重的脚步,一点点移向病床,眼里盛满了泪水。他双膝跪于床前,用颤抖的手轻轻掖了掖父亲的被角。父亲听到动静,睁开了无神的双眼,一侧头竟看到了跪在床前的他,原本黯淡的眼神一下子明亮了起来。"爸!"他哭着喊出了六七年来一直憋在心里的那个本不该陌生的称呼。"儿子!"父亲伸出手摸着他的头,百感交集。

母亲在一边已哭得泣不成声。

父亲的最后一个月全是由他寸步不离地伺候。给父亲喂饭,给父亲洗脸,给父亲洗脚,帮父亲翻身,架着父亲上厕所……最后的日子里,父亲即使被病痛折磨得再怎么难受,脸上还是勉强挤出些笑容,因为他想让儿子看到自己在最后的时光里是多么幸福。

父亲走后,他与母亲整理父亲的遗物时,在父亲的床头柜里发现了一个鞋盒。他打开一看,鞋盒里装的不是鞋子,而是满满一盒的纸条。他明白了,这些纸条正是那些年他写给父亲和父亲写给他的,不知何时全被父亲收藏到了这只鞋盒里,并且一张张地标上了数码:整整 1003 张。

有时候,有些爱必须说出来,不说就会永远错过。

(发表于《中学时代》2012 年第 11 期)

写作小记

父之爱,深而沉重,如大海,如高山,是寓于无形中的一种情感。

这是一个真实的故事,故事中的儿子现在已大学毕业,在一家外企做高管。作为他母亲的老朋友,我见证了这个孩子的成长,也亲眼目睹了三年前他们家的那场变故。我没见到他母亲说过的那些纸条,但是我听到了父亲走后,这个男孩子痛不欲生的哭喊。长久以来对父亲的冷漠与误解,等他终于明白了之后精神几近崩溃,差点因此放弃最后一年的学业。

这篇文章语言上并没有过多的技巧,只是一个真实故事的完整再现,构思新颖,以纸条为线,统领全篇,结尾出人意料,又在情理之中,巧妙地表现了父亲对儿子深沉而又浓烈的爱。

又见梧桐花儿开

1.

学校院墙外的那棵梧桐树开花了。一朵朵,一簇簇,犹如紫色的风铃,挂满了枝头。一只小鸟欢叫着轻巧地落在一根细细的梧桐枝上。又一只小鸟飞来,两只鸟儿像久别重逢的老朋友,脸对脸"啾啾"地叫个不停。

"石小松!眼睛往哪看呢?"一声断喝,吓得他慌忙将视线从小鸟儿那边收回。回眸的瞬间,他看到46双眼睛追随着英语老师严厉的眼神,"齐刷刷"地向他射来。

不用说,这节英语课他又成了典型。糟糕的是,昨天听写单词他还能记住几个,今天竟然一个也没记住,听写本上直接被老师画了个圆圈。

"你,今天的体育课别上了,到办公室抄单词,每个抄50遍。"下课后,英语老师连名字都不屑于叫了,指着石小松直接下达了命令。

"写100遍也没用!"石小松默默地在心里反抗着。

体育课上,同学们都在操场上欢呼着:打球,跳绳,踢毽子……玩得不亦乐乎。石小松磨磨蹭蹭地来到老师的办公室准备抄单词。

老师的办公室在五楼西侧,窗子正对着不远处的铁路,一列列火车来来去去打眼前驶过,石小松看得很过瘾。每次罚抄作业,他都乖乖地站在窗台边,一边补着作业,一边抬头看着驶向远方的火车。他常常想:这些火车中,一定有一列是通往老家的。这样想着时,他又走神了。

记忆中,老家不缺山,也不缺树,梧桐树和槐树是家家户户房前屋后常见的;他家也有两棵大梧桐树,房前一棵,房后一棵。爷爷曾用烟袋锅子敲着房前那棵大梧桐树对他说:"等你长大了,就把两棵梧桐杀了,一棵给你上大学,一棵给你娶媳妇。"可还没等他长大,梧桐树就被伐掉了一棵。

那年,爷爷突发脑溢血,倒下去就再没起来,那棵准备给他上大学用的树就给爷爷做了棺材。后来,爸爸外出打工,妈妈也离开了——跟村里一个有钱的男人走了。石小松就被寄养到了邻村姑姑家。有一年,爸爸突然回来,把老房子连同老房子后头剩下的那棵老梧桐树一起卖给了别人,带上石小松头也不回地离开了村子。

从此,那个家和那个村子就变成了石小松的记忆,除了那棵高高的梧桐树和那一树的紫色花,其他的越来越模糊。

他跟着爸爸生平第一次坐上了去济南的火车。在车上,他兴奋极了,恨不得赶紧告诉他要好的朋友,但他没有联系方式。之后,他又看到了很多高楼大厦。原来,这就是大城市呀,他的眼睛有点应接不暇。

爸爸带他来到一座破旧的楼下,拍拍他瘦瘦的肩膀头说:"爸爸和一个阿姨结婚了,这里就是咱的新家,家里还有个和你一样大的妹妹,你见了阿姨和妹妹要有礼貌。"

他一下怔住了。爸爸又结婚了,竟然现在才告诉他!

因为紧张,见了新妈妈和妹妹后,他一句话都没说出来,但他还是受到了新妈妈和妹妹的热情接待。长久缺少母爱和家庭温暖的他,恍惚间好像回到了自己很小很小的时候。

2.

适应一段时间后,石小松被爸爸送进了妹妹所在的学校读书。他在五年级三班,妹妹在五年级一班。

新学校比他以前的学校漂亮多了,这儿不光有楼房,还有电脑、多媒体,老师上课也不再用黑板。他每天都怀着一份别样的心情,跟在妹妹的后面去学校。他心想:"要是老家的同学知道他在大城市里这么漂亮的学校念书,不知道会羡慕成什么样!"

可新鲜劲一过,烦恼也接二连三地来了。新妈妈和妹妹虽然对他很好,但要求也越来越多。在他完全适应了生活环境后,新妈妈对他从前的生活方式做了全盘否定。他费了老大劲才慢慢适应了新妈妈的要求。

但功课上,他却总也适应不了。微机课,什么都不懂,也什么都不敢戳弄;上英语课,跟听天书差不多,常常让老师罚来罚去;语文课,老师总让他用普通话读课文,他就一个字一个字地往外蹦,别扭得他自己都想掉眼泪。

爸爸这段时间跟建筑队去了外地,平时根本见不到人,只有新妈妈管他。可新妈妈也很辛苦,每天早上不到四点就要起床准备卖早餐的东西。

他开始害怕去学校,但又不敢待在家里。

有一天,当他又被老师罚到办公室抄单词的时候,他忽然"哎哟"一声说肚子痛。老师摸摸他的额头,关切地问道:"严重吗?要是坚持不了就回家吧。"他蹙着眉点点头。老师又说:"我给你家长打电话,让他们来接你吧?"他赶紧摇摇头,说家长都忙,自己能回家。老师也就没再多想,嘱咐了两句就让他收拾书包回家了。

解放了！再也不用抄单词，再也不用做那些烦心的数学题，再也不用为用普通话读课文而别扭了，再也……他觉得自己成了飞出笼子的小鸟。家，是不能回的，也不能去远的地方。自己毕竟对这座城市还不熟悉，万一迷路……经过凤凰山花鸟市场，他忽然眼睛一亮，小区里面不就是凤凰山吗，他来这么久还从没上去过呢。于是，他把校服上衣脱了，一手提着书包，一手抓着校服，一个人兴冲冲地向山上爬去。

这地方太好了，比在老师的办公室看火车好多了。列车就在脚下，狠劲一跳，说不定就能跳到飞驰的列车上。他一兴奋竟然把同学的口头语不知不觉地用上了，这样的语言学得快，怎么别的东西就那么难学呢？不管了，玩够了再说。他把书包和校服统统扔到山顶那块凤凰石上。山上除了一尊铜佛，一个人都没有，这样更好，免得让人看出他是一个逃学的孩子。

3.

这样的逃课开始时一周只有一两次，后来，竟然越来越多。最后，他索性整天不到学校了，只让同学给老师捎假：说他肚子还没好。

"小松，你最近身体不舒服吗？"有一天，新妈妈问刚放下饭碗的他。"没有哇，挺好的！"毕竟是孩子，撒谎后总会忘记还要及时做好圆谎的准备。"嗯，那你这些天怎么不去上课？"新妈妈的脸色变得异常难看。妹妹不知怎么回事，看了他一眼就去上学了，家里只有新妈妈和他。"我……没有……"石小松知道纸里的火苗终于燃起来了，但他还想抵赖过去。

新妈妈死死地盯着他，眼睛里射出他从来没见过的寒光。"到底身体有没有不舒服？"新妈妈问。"我……没有……"他心虚了。"啪！"新妈妈一记响亮的耳光狠狠地抽在他的脸上。

他两眼冒金星，一屁股坐到地上，新妈妈一把将他从地上拽起来，说："你不光逃学，还学会了撒谎！你在第一次装病逃学那天，老师就把电话打给了你爸，他在工地上分不出身，电话又打给了我，可我一直在留心观察你的举动，看你是不是真的病了。这两天你爸每接到老师一个电话，就赶紧把电话打到我这里，嘱咐我一定带你去医院查查。昨天你又逃学，老师把电话打给你爸爸时，他一时走神，就从三楼上掉了下来。要不是下面那堆水泥袋子垫着，只怕你再也见不到你爸了！"

"那我爸人呢？"他一把拉住新妈妈的手，吓得眼泪都出来了。

"在医院躺着呢，小腿骨折！还不让我告诉你和妹妹。"新妈妈流着泪说。

"妈,我错了,对不起你和我爸。我保证以后再不逃学了!"

他把新妈妈扶到沙发上坐下,又给新妈妈倒了一杯水递过去。

"说,你为什么要逃学?还撒谎!"新妈妈抚摸着他刚才被打的地方,声音恢复了往日的温柔。"我总是跟不上功课,晚上妹妹教的那些,一到学校就忘了。学校外的梧桐树开花了,这些天我老是想我原来的家,总想回去看看我家那棵梧桐树。呜呜……"他伏在新妈妈怀里放声大哭。"傻孩子,你爸为了让你到城里读书,不是狠心把房子卖了吗?你要回哪个家呀?你爸跟我结婚时,提的唯一条件就是把你接到城里读书。你要是回去了,他会多伤心啊。你爸和我都是打工的,靠下苦力挣点钱,顾嘴,顾你们的学习费用,还要交这房子的贷款。你爸天天在工地上加班,我也每天忙到很晚,早上还要三四点起来烧炉子,这不都是为了你和你妹妹吗?"

石小松伏在新妈妈怀里,哭得和泪人一样。

4.

又一个春天来到。一列火车缓缓驶入济南站。

车上下来一家四口人:两个孩子、两个大人,个个露出开心的笑容。一个男孩使劲地嗅着鼻子:"嗯,什么都好,就是空气不如我老家的好!""那你再上车坐回老家呀!"女孩嚷道。男孩剜了女孩一眼,不再做声了。

"回头给小松报个英语培训班吧,这阵子虽然功课撵得差不多了,可英语还是很吃力的。"新妈妈对小松爸爸说。

"看,你最喜欢的梧桐花。"出了火车站口,拐到小巷子时,女孩指着巷子深处的一棵梧桐树说。小松抬头顺着女孩所指的方向看去,果然,紫色的梧桐花开满了一树。

"怎么看上去和老家给你娶媳妇的梧桐树一模一样呢?"刚刚从小松老家回来的妹妹晓曼故意拿那棵梧桐树说事。石小松的脸"腾"地红了。晓曼却大笑起来,新妈妈和爸爸看着眼前的两个孩子,沧桑的脸上也露出了会心的笑容。

(发表于《中学时代》2013 年第 10 期)

🌼 写作小记

这是一篇校园文学作品,详细地写了外来务工子弟石小松到城里与父亲团聚的诸多不适应。新的家庭环境和学习环境并没有给小松带来愉快的心情,从小缺乏家庭教育又一直放纵惯了的他,对父亲的新家和学校生活产生了极大的厌倦与排斥。在新妈妈的感化下,经过一段痛苦的磨砺后,石小松终于慢慢找回了自信。

　　文章以梧桐花开头,又以梧桐花结尾,写出了石小松对故乡和他小时候与父母共同生活的深情怀念。心灵的成长也是需要交学费的。这个学费就是一种爱的感化与包容。文章最大的特点是在故事叙述过程中适当地穿插了一些环境描写,以突出人物的内心情感。"一切景语皆情语",写景就是为了渲染人物成长的环境,不能脱离人物去写景。还要注意,不管写什么内容的文章首先要给人以真诚,要与生活贴近,符合了这几个特点,读者才能从字里行间读出文学的情感与情趣。

烛 光 情

　　转眼,女儿高三了。高三的她,像上紧的发条,时间被拧得紧紧的。晚上我已熬不过她,而早上她又第一个起床。欣慰之余,我又担忧,怕她睡眠不够,影响白天听讲。

　　有一天,已是深夜,催过几次后,我戏谑她:"早干吗了,现在才用功!"她抛出一句:"再不用功,对不住老武!"我心一凉:这妮!竟不说对不住你千辛万苦的妈!

　　老武,是女儿现任高三的班主任兼地理老师。有人说地理是文科中的小数学,有些偏科的女儿从学这门功课起就没一次考理想过。没想到这次大考,她的地理成绩,竟破天荒地考进班里前五。"亲其师,信其道",果然如此!

　　我至今记得高三开学第一天的情景,那天,女儿一进家门就带回满脸的阳光。原来,新任班主任武老师专门找女儿谈了话,夸女儿这也好,那也好。夸完就给女儿安上了文娱委员的官衔,还说女儿的笛声深深打动过她。对于武老师什么时候听过女儿吹笛,女儿说她也不清楚。但武老师的这番亲民举动确实让女儿从心底快乐了一大把。那天回家,女儿跟我描述了一遍又一遍,都是武老师找她谈话的细节。

　　我静静地听着,默默地盯着那张兴奋的小脸,不由得心潮起伏:两年了,女儿失衡的心理终于被武老师彻底捋平。高一大考失败后,女儿再也没从自己的阴影里走出来;进入高二,频繁的走读,由不适应到慢慢适应,尽管做了不少努力,但她依然没有从挫败感里摆脱出来,成绩依然起起落落,心情依然时好时孬。

这次女儿终于慢慢平稳下来,这让我对武老师顿生感激之心:在这样一个关键时刻,还有什么比老师的鼓励更有分量的呢?

学校二模考试结束,武老师叫了部分家长到校开会。女儿的成绩提高幅度之大,让我倍感欣慰。这又让我想起女儿之前的几位老师。

小学四年级时,我把女儿转到了一所新学校读书。换了新环境,女儿难免产生一些失落感,一向活泼的她变得日渐消沉,下课也不和同学玩耍,只喜欢一个人待着。班主任涂老师观察到这一情况,把女儿叫到她办公室,和风细雨地进行了一番交谈。了解了女儿的心思后,她特意嘱咐班里的女生在课下游戏活动时一定叫上女儿;还多次安排女儿参加升旗、演讲等活动,鼓励女儿常到她办公室玩。女儿很快与涂老师成了无话不谈的朋友。那年冬天,涂老师给女儿织了一条天蓝色毛绒围巾。女儿像宝贝一样,天天围着,还多次跟我说围巾上散发着涂老师特有的味道。从这以后,孩子的性格就慢慢好起来。

初三下学期,中考复习如火如荼,在二次模拟考试中女儿考得一塌糊涂。填报志愿时,多数老师不赞成她填报省实验中学,连我都有些动摇,女儿却坚定不移地要报考这所学校,没想到她的数学老师也一直支持她、鼓励她,说她一定能考上。结果,那年的中考,女儿果真以优异的成绩成功跨进了省实验中学的大门。直到现在,女儿只要回母校,总忘不了先到数学老师那里报到,而数学老师见到女儿也不忘鼓励她一番。

上高一后,年轻的英语老师跟女儿相处得如亲姐妹一样。那时候,女儿是英语课代表,虽成绩平平,但非常尽职,深得老师的喜欢。英语老师改教别的年级后,还与女儿保持着联系。暑假里,女儿去图书馆学习,忘带家里的钥匙,身上又没钱,联系不上我和她爸爸。女儿便发了一条短信给英语老师。知道情况后,英语老师特意赶过来带她吃了午餐,还陪她看了场电影。

女儿无疑是幸福的,有那么多暖暖的亮亮的烛光,照在她成长的路上。越来越懂事的她,只要回首看看那些有烛光相伴的日子,就会坚定地向着自己的目标而努力。

(发表于《中学时代》2015 年第 6 期)

🌸 写作小记

进入高中后,女儿的学习成绩一直忽上忽下,她也时常以情绪化对待学习,爱学的时候拼到凌晨,不爱学的时候任凭作业成堆也不理会。好在有几个老师一如既往地关注着她,鼓励着她,陪伴她一路坚持到高考最后一站。

女儿性格外向,考虑问题简单,是那种给点阳光就灿烂的孩子。她偏于文科,但文科又不特别突出;她有目标,但目标又不是特别明确;她接受能力很快,却又忘记得很快;她重感情,却又不能轻易从感情里走出来。特别是高三上学期结束,她最喜欢的数学老师突然病了,新学期换成了一个新老师,在临近高考的日子里,五六十个同学都能尽快适应新老师,只有女儿一个人始终转不过弯来。这样的结果是残酷的,不到两个月时间,她的数学成绩直接从 132 分降到了 80 多分。

那么多的老师都在替女儿着急,好在最后她终于从"泥潭"中回过神来。其中,除了她自己的努力,还离不开班主任和几位老师的点拨。所以,我是心存感激的。不等教师节到来,不等女儿完成高三最后的学业,我便写了这篇《烛光情》,感谢他们对孩子的不离不弃,感谢他们对孩子的一路引领。

其实,我当时只想写女儿的一位老师,但写着写着,就成了许多位。限于篇幅,我只好做了基本的剪贴。从小学到高中,女儿就像一棵小树苗,在各阶段老师的培育下,一点点地成长,粗壮,繁盛。

本文选材有详有略,几次改变时间顺序,但因为衔接自然,并没有混乱之感,相反,情感线索非常清晰。最后一段收束全文,突出了文章的主题。

第四辑　游走天下

走进蔓园

说起蔓园,济南人恐怕知道的不多,但若说到红叶谷大家一定很熟。蔓园是红叶谷里的一处景点,也叫情人谷。情人谷里有一处高高的悬崖,叫情人崖,来游览的人们都愿意走到这最高、最深的地方看一看。

这里有造型独特的花架、精致的楼阁亭榭,人工铺设的台阶上垂蔓宛若天成。"宫花野药半相和,藤蔓参差惜不科",野葡萄、葛藤、金银花、紫藤、南蛇藤缠绕其中,站在远处看,只有连成一片的绿冠。此处山峰陡峭,谷长幽深,山溪潺潺,尤其到了深秋,山头红叶,山谷绿蔓,如那戴红着绿的绰约女子,让人心间别有一番韵味。

"隔断红尘三十里,白云红叶两悠悠",一路行来,虽然不到浓秋,那一棵棵早早着上红装的黄栌突然撞入人们的视野,寄情于山水的人们,便会在心里升起一份温暖,在这漫山红绿交映的山谷里,不管老人还是孩子,都有一种喜悦笼在心头。

"再往前走800米就是蔓园了。"导游领着我们爬上又一个高坡后,喘着粗气告诉大家。那天中午,秋日的暖阳,仿佛受了红叶的熏染,凭空多了些热乎乎的金黄。大家抹一把脸上的汗渍,跟着导游继续前行。

"很久以前,山下的村庄里有一个美丽的姑娘。有一次,她来山上采药,碰到一位邻村打柴的后生,俩人由相识到相知,最后相爱。每天只要天气晴朗,俩人就会在山上幽会。有一天,镇里一个有钱有势的大财主看中了姑娘,一定要娶她为小。姑娘的父亲是个贪财之人,一口应承了财主的求婚。眼看财主的婚约日期就要来到,姑娘和小伙决定一起逃走,谁知姑娘的父亲早有察觉,将女儿用一把大锁锁在了房中。小伙儿半夜来到心上人的家里,在姑娘母亲的帮助下,两人一起逃出家门。不料一阵狗吠声惊醒了姑娘的父亲,两人在匆忙中跑到山上,见父亲依然紧追不舍,姑娘和小伙儿情急之中抱在一起跳下了山崖。死后,他们化作了两棵紧紧缠绕的藤蔓,两颗心就变成了火红的黄栌。从此以后,这山谷中就多了数不清的红叶,还有数不清的藤蔓。"导游将这个传说断断续续地说了一路,一直到达传说中两人跳崖的地方,导游说:"这就是情人崖。"

果然是一处极陡的山崖,几根铁链子从上垂到下,上面挂满了大大小小的同心锁,为一对对来此游览的恋人锁住一个个美丽的承诺。

导游指着一株又一株紧紧缠绕在树体上的南蛇藤,说:"这种藤不仅有毒,还会影响树的生长。因为爱得太深,就缠得太紧了。"同游的人调侃:"缠成这个样子还叫爱呀,命都没了,还谈什么情爱。"大家也是一阵哄笑。

是呀,即使真爱也是要有适当距离的。

日已偏斜,大家的兴致已被饥饿替代。告别蔓园,告别绚秋湖,我们沿一路秋光走出风光无限的红叶谷。

（发表于《华不注》,后选编到《大美历城》一书）

写作小记

这是一篇游记,写的是红叶谷风景。那年秋天,九三学社组织社员去山区看红叶。一路而上,没被红叶打动,却被山坳里那满山缠绕的藤蔓和导游讲的传说所打动。心里久久放不下的,就是那棵被藤条紧紧缠着的小树,且不说树的感觉如何,旁观者也为它捏把冷汗。由此,我想到了生活,想到了生活中的男女之爱,把几个方面糅合起来,就成了这篇小文。

写此文时适当加入了一些诗句,是为了提升文章的雅度和深度。尤其是题目的设立,稍微斟酌了一番。因为蔓园是红叶谷一处最高的景点,有人叫它情人谷,如果说走进情人谷,大家一定觉得很俗,而且只能突出其中的传说,并不能突出藤蔓。相反,直接以"蔓园"为题,既契合内容又富于诗意,让人眼前一亮。

U 形河的蝶变

天桥区内,有条 U 形河,人们习惯叫它工商河。它是搏动在天桥土地上的一条动脉,也是济南市唯一的一条人工河。它虽没有悠久的历史,却也在近现代史上留下了不可磨灭的痕迹。

这条河是在民国时期开辟济南北商埠时开挖的,可以说它见证了济南开埠的历史。它把黄河的客货船、小清河的帆船与刚兴起的铁路联系起来,给褴褛中的济南工商业带来很大的推动力,为此这条河还有另一个名字:引河。

引河,最早开挖于 1925 年,它从北闸子庄南的小清河起步,向南穿越堤口路,又向东延伸至国棉四厂西侧,再往北于凤凰山庄北头复入小清河,河道全长走向近似于 U 形。人们习惯把 U 形河的东侧叫东工商河,U 形河的西侧叫西工商河。

工商河当年曾经水清见底,鱼虾成群,两岸水草茂盛,船只往来如梭,是条名副其实的运河。

随着时间的推移,水运渐渐退出济南。黄河、小清河航运日渐萎缩,最后再也不见航船的影子,工商河也就失去了运输功能,成了天桥地区的主要泄洪河道。后来随着工业的飞速发展,它更多的是承担着沿线工厂的排污重任。制革厂、造纸厂、化工厂等厂子的污水都注入其中,久而久之,它就沦为了一条水面呈暗褐色、气味异常刺鼻的臭水河。这时候的工商河,别说看见鱼虾了,即便人们从河边走过也要捂嘴掩鼻。工商河失去了昨日的辉煌,两岸也失去了往日的秀丽。

后来,虽经几次清淤后状况有所改善,但由于截污不彻底,臭河名声仍无改观。2008 年,市政府决心彻底摘掉这条河"脏污臭"的帽子,对它做一次大规模的综合性治理。在此次治理工作中,清污与截污并重,河边不仅加上白玉般的石栏,还种上树木花草。现在,工商河已经重现碧波粼粼的新貌,两岸柳荫掩映着花草,散发出阵阵清香,宛如公园般美丽,它已成为人们越来越喜欢的休闲场所。

伴随着城市的快速发展和环境的日渐改善,工商河越来越展示出其优美的风姿。每天清晨在成丰桥边,来自四面八方的市民在这里晨练;河边的公园里,供人们锻炼的双杠、单杠等各种体育器械遍布;太阳高照的时候,会有许许多多的老人在河边游玩,他们或是三五成群,或是推着小孩,欣赏着河边的景色,享受着天伦之乐;入夜,这里还有长年不断的舞会,男女老少在悠扬的音乐中载歌载舞,尽情地享受着新生活带来的幸福。

工商河就像一只丑陋的蛹虫,忽一日破茧而出,很快成为天桥人视野中美丽的蝴蝶。

我家小区的东门紧挨着西工商河,工作单位又紧临东工商河。在家与单位之间,这条河就成了我亲密的友伴。数年来,我陪伴着她,她陪伴着我,早一趟,晚一趟,寒来暑往不知度过了多少难忘的时光。

这两年,工商河畔的风光越来越好,河水清澈,两岸垂柳依依,各种花草次第开放。垂钓者不绝,健身者不断,更有老年乐团在柳丛中潜心排练,歌声与笑声时不时地从绿丛中飞出。河岸上,绿水边,有遛狗的,有吊嗓的,有散步的,有谈心的……看着,听着,一路走来,我心里总有说不出的惬意。

每天清晨,我走出小区东门,穿过西工商河,顺着整修一新的汽车厂东路,迎着宏济堂广场那尊微笑的金佛,一点点向东工商河走去。一路淡淡的花香,一路清新的空气,让我上班的心情格外地舒爽。东、西工商河路干净整洁,行道树荫翳浓郁,红花绿树交相辉映,更有飞檐红柱白墙的宏济堂文化广场和典雅秀美的药王楼阁,这古典韵味的建筑群把工商河畔点缀得越发风光迷人。河上,两座玲珑秀气的小木桥——宏济桥和凤凰桥文文静静地躲在树荫中,不仔细观察,行人很难发现她们的身姿。如果你走上小桥,无论站在哪座桥上,哪个点上,都能看到工商河畔袅娜的垂柳和两岸建筑美丽的倒影。

初春,柳树舞动枝条,柔软的身躯渐渐绿了,它用暖暖的绿意向河水献上最早的问候。先是一簇簇金黄的迎春花扮亮了河畔,又有一排排粉红色的海棠、一树树爱煞人的桃花相继开放。春天的工商河畔,被打扮得和新娘一般俏丽。夏日来临,柳树换上茂盛的绿装,掩映着一朵朵娇艳的月季花,三五个垂钓者坐于花红柳绿之下,静静地钓着一种别样的心情。在这个热烈奔放的季节,风也好,雨也好,总能把人们的目光吸引到这边。秋夜,不管是弯月还是满月,总是那么柔情地挂在柳梢,洒落满河的银辉。秋风徐徐,波光荡漾,此刻人约黄昏后的意境可不就是一首美妙的诗?冬日的工商河红退绿隐,河畔风光一览无余,尤其是雪后,玉树琼枝,这里就是童话的世界。河面变成了白琉璃,小桥穿上了白纱裙,穿红着绿的孩子在岸边掷着雪球,堆着雪人,此时的工商河又成了另一幅优美的风景画。

工商河就这样,在前生今世的蝶变中,将 U 字写得越来越潇洒,越来越舒畅。

得天独厚的天桥人,不但有黄河、小清河,还有美丽的工商河。不久以后,另一条人工河将会把大明湖和华山湖连接起来,人们乘船从大明湖可以直抵华山脚下。那时,工商河就会有个小姐妹,它将会流淌得更欢畅!

白色大理石栏杆,整齐茂盛的行道树;河畔两侧,垂柳依依,挑逗着一弯碧波。在时光的洪流里,蝶变的 U 形河一如既往地撰写着新篇章,如诗,如画。

(发表于《济南作家》2013 年 12 月,第 7 期)

❋ 写作小记

对这条河太熟悉了,自从我搬到新家,一年四季,上班下班,早晚两次,都是它一路默默相伴。之前这条河因临河的工厂污水注入,河水污浊,一度成为人们厌恶唾弃的污水河。后来几经改造,又加强了管理,使得这条河的水质明显好转,景观也越来越好。或是红花绿树,垂柳依依;或是玉树琼枝,梨花飞落。这里已经远不是当初的模样。

尤其是到了春天,沿河风景美得让人心醉。同事小郝也喜欢走这条河边,我们俩不止一次感慨这条河的两岸风光。她说了好几次让我写写这一路的景色,我也早有此意。此文完成后,在题目上做了调整,鉴于工商河之前的环境与现在的模样对比,加上它特殊的 U 形结构,我便以《U 形河的蝶变》为题完成此文。

小清河记事

一条小河,古老而又年轻。

它唱着岁月的歌,从南宋吟唱到今天,把清澈吟成混浊,又把混浊唱成清澈。它满腹的故事就是一部历史画卷。它,就是小清河,一条从骨子里就应该透亮,也曾经透亮的河。

史载:"小清河,水出大明湖,环城而东,合黑虎泉诸泉之水,东北绕华不注山,经章丘、邹平、新城诸县入海。"自南宋刘豫率众开通至今,已有近 900 年的历史。

婆婆从小就生活在这条河边,和许多沿河居住的人家一样,从不去考究小河的历史,只是祖祖辈辈记得小清河的好:是小清河的滋润,让他们住的地方曾赛过江南。那时候,大明湖北面的这片土地可是济南有名的"粮囤子""菜园子"。北园一带水田映着蓝天,池塘荷叶田田,到处沟渠清清。那白莲藕、脆萝卜、香大米至今还让一些人怀念不已。那时的小清河清澈见底,水草翠绿,鱼游虾跳,一直到20世纪70年代初,这条河的水仍然能够饮用。

婆婆说,她的儿子们小时候就常到河里玩耍,捞鱼摸虾,让她总是担惊受怕。但她觉得也不能埋怨孩子,因为她自己小时候也愿意与小河亲近,常常端一只木盆来河边洗衣。特别是到了夏天,挽起裤腿,把脚丫子浸到清凉的河水里,杨柳的枝叶遮着阴凉,斑驳的影子投到水面上,小鱼小虾在眼前蹦跶,那个舒心劲儿和高兴劲儿,即便让人整天待在河边都乐意。

也正是因为爱着这条河,长大后该嫁人的婆婆成了临河的兵工厂锻工车间里一名普通工人的媳妇,她自己也成了家属工。一晃几十年过去了,婆婆的满头青丝熬成根根银发,这条小河也跟着她晃晃悠悠淌过了不平静的年月,清凌凌的河水也慢慢地变得混浊。

我嫁过来时,眼前的这条河已经成了一条黑水沟。刚听到这条河的名字时,我感觉很不可思议,那一河的臭水怎能配上一个"清"字?也不管老公如何解释,婆婆如何回忆,我自管叫它"小黑河""小臭河"。

嫁过来的第二年,下了一场大雨,河里的水倒灌进宿舍,大半个舍区被泡到黑黑的脏水里。我在水里蹚了几个来回,两条腿用清水洗过了还是感觉奇痒无比。老公听到我的抱怨,就安慰我:"有一年大水溢满了整个小区,好多天过去了那雨水才消退下去。"我苦笑着说:"这也是'江南好风光'呀!"

每到这时,一直沉默的婆婆就赶紧见缝插针地讲一些关于小清河的美好的过去,以消除我对小清河的不满。

小清河在婆婆的心里,永远是一条美丽、清澈、快乐的河。

婆婆给我看孩子那会儿,时常带着孩子到河边看风景。那时市政府正对小清河进行第一次大规模的整修,我害怕施工现场不太安全,多次劝说婆婆不要到近前,可她依然和宿舍区的老姊妹们在茶余饭后去施工现场当"督察",而且乐此不疲。没办法,不上班的时候我只得陪着她和孩子去"观景"。那时宿舍南门前的那座桥刚刚建成,弯弯的造型像一道彩虹。每到傍晚,那些退休的老工人们都爱站在这座桥上聊天,有一次住这附近的一个老爷子逗我孩子玩,一时兴起张嘴就来了一段顺口溜：

"小清河，清又清，绕过山化到裕兴；小船行，鱼虾蹦，沿途一路好光景。"

我嘴上笑着，心里却不以为然。回家和老公说到这个人，又把顺口溜学给他听，老公说那老爷子是他小学同学的父亲，曾经在五柳闸航运码头帮过忙，他见证了小清河五六十年前的繁荣景象。

我心里释然，难怪老爷子对这条河充满如此深厚的感情。

后来，我搬离了原来所住的地方，婆婆也与我一起离开了小清河。住了一年高楼的婆婆不习惯既看不到熟人又看不到小河的环境。她曾经一个人悄悄地回到河边，回去一次就不停地说小清河的变化如何如何，说得老公心里也痒痒的。后来婆婆病了，康复后就到老房子去住了一段时间。于是，婆婆又和她那些老伙计走到一起，她们早上顺着小清河结伴遛一圈，晚饭后再搭伴遛一圈，心情舒畅了，人也越来越精神。

近年来，市政府下大力气治理小清河。前一阵子我带孩子去看婆婆，只见河岸的路更宽了，河里的水也变得清澈了，河里已经有了游鱼，几座漂亮的跨河大桥以不同的姿态展现在人们的眼前，沿河还建起了集休闲与观赏为一体的绿化带。五柳闸附近建了一个河中岛——五柳岛风景区，岛上亭台翼然、假山嵯峨、绿树婆娑，"五柳风帆""盐运文化"等主题雕塑已经全部落成，沿岸绿树成行，"十里柳荫"的沿河景观渐渐现于眼前。

小清河清了，美了！我忽然也对它产生了别样的情感。

小清河留给婆婆和世世代代在这里生活过的老人们太多美好的回忆。我相信，随着政府对小清河综合治理的全面竣工，它将比过去更清澈、更繁荣！

和婆婆一样从小爱恋着这条河的人，站在景色怡人的小清河边，望着清澈的河水，朝看红霞，晚观夕阳，赏水鸟起飞，观游船往来，这会是一种怎样的欣悦情怀？

（发表于2013年《济南作家》）

写作小记

那些在小清河边长大，一辈子都没离开河畔的人，对小清河的感情是别人难以体会的。婆婆就是这样，她对小清河的爱与依赖已深入骨髓。所以，写小清河就写到婆婆，写婆婆就会自然带上小清河。小清河清了又浊，浊了又清，几经改造，已是现在这般集休闲与观赏于一体的漂亮模样。

这是一篇有关小清河的征文,原来的题目是《嫁给一条河》,后来仔细想想,或许有些欠妥,最终改为《小清河记事》。这篇文章和写 U 形河的变迁一样,都采用了对比写法,把小清河的过去与现在做比较,突出人们对良好的生态环境的追求。

秋行丹山碧水间
——莱芜九龙大峡谷游记

> 松苍潭碧峭崖悬,
> 绝壁丹书记游缘。
> 虬舞瀑飞帘水秀,
> 群山深处九龙旋。

九龙大峡谷,是莱芜的名胜之一,早就听说过它的与众不同。那里的山堪称雄、奇、险、峻,那里的水亦是清、秀、甘、美。一脉的好山、好水、好景致。

我是在山脚下长大的孩子,对有山有水的地方天生就有一种莫名的亲近感,只要有机会与山水接触,我就从不错过。而九龙大峡谷也早就被我织进了梦中,梦想成真是在秋叶金黄时。

我们是在一路欢声笑语中与九龙山融为一体的。也许是到了中秋的缘故,一路进来,感觉那九龙山就像一位优雅的妇人:青春不在,绰约犹存。山上秋霜未降,枫叶却已染红山头,那散发着清香的金菊、红灯笼般的柿子,无不在渲染着大山别样的韵致。

旅游车一直把我们拉到山顶。站在"天台"石碑边,不绝于耳的竟然不是松风涛吼,而是从谷底传来的飞瀑之声。"峡谷藏九龙,九女浴潭中",那声音太具诱惑力了,大家不用约定,也不用招呼,便都迫不及待地一同往山下紧赶。

一路风光无限,特别是对面直上直下的绝壁,刀切一般,让人对大自然生出无限敬畏之意。这些绝壁因风化与冰劈作用,形成了各种奇峰怪石。细看时,那石壁的纹理竟如各种图案铺展开来,犹如一轴竖起的天然画卷,在人们的视野中铺开,难怪当地人称此处为"万象峰"。再往下看,对面陡立的石壁上有四个竖写的朱红大字——龙潭呈现,细看竟是著名书法家、篆刻家武中奇老先生所书,让我不由得对九龙山又多出几许敬畏。

当"哗哗"的水流声震耳欲聋时,那一潭碧水,那一挂飞泻的玉帘便一览无余,九龙山第一大景——黑龙潭即在眼前。黑龙潭最深处达十几米,因为水清、潭深,水面上竟泛着莹莹绿光。据说,在春、秋两季天气晴朗时,于中午的十二点或十二点半立于此处,还可以看到天上最亮的一颗星星——长庚星。至于能不能真的看到,也只能听导游和当地村民的讲述了,反正我仰头许久,也没看到一点影子。

黑龙潭边,大家忙着玩水,忙着拍照,我则忙着用双目扫描着两侧对峙的峭壁,那里架起了一座弯弯的拱桥,那是我们由山谷往山上攀登的必经之路。一拱两耳的白色九龙桥,横跨于黑龙潭上,宛如一道美丽的彩虹横亘于两面山崖之间,往上看时,半山腰里,那条人工修凿的山路一直通到视线到达不了的地方。空谷变通途,我禁不住为当地村民的愚公精神所感动,在这样的大山里要付出怎样的艰辛才能整修出如此臻善的山路!

对面石壁上,丹笔飞舞着几句很有味道的诗句:

一半上云,

一半下潭。

龙游一半,

鹰旋一半。

诗句在峭壁上排列得参差错落,若不仔细琢磨,一时还真断不出句意。等不及我细究,大队人马已开始往山上攀登。我虽不想落于人后,但还是对那天然形成的一线石缝和那棵斜斜地伸展到缝隙中的奇树产生了极大兴趣。这棵树不往高处伸展,偏偏歪斜地生长在这窄窄的石缝中,并在这一线之间的空隙里一直前,再往前,努力地突破极限,到达石缝对面。它这样费力是为了证明什么吧,我不得而知,但我分明对它产生了一种说不出的敬意!为了一种信念活着,总比浑浑噩噩地随波逐流有意义得多!

左侧还有一处瀑布、一个情人谷,但导游说路远,去了还要原路折回,于是领大家直接爬山了。我一直心存遗憾,假如当时有一个人坚持去看情人谷,那我一定就是第二个同行者。可惜,几十人的队伍竟无一人坚持。据说,那里的情人谷有氤氲的淡雾,缭绕着一种与济南的情人谷迥然不同的情调。究竟是不是如此,只有等下次重游时得以知晓了。

我们顺着平坦的人工攀山道,一路领略了更为清澈的九女潭景色。我私下里想,这大概就是九天仙女来凡间沐浴的地方了。在东龙潭,感觉秋日的旷野慢慢多了些肃穆,龙女床精致平坦,高高竖起的青龙石剑直指苍天,不知是在问苍生的甘苦还是问它本身的命运。

我尤其对悬崖间的青松怀有敬意,看它们把根须硬硬地钻进光滑的石壁,努力地为自己寻找着生长的空间,不消极,亦不气馁,只要有一线生机就把被动变成主动,这种精神是多么可敬,可敬到令人顶礼膜拜的程度。

终于爬完长长的台阶,再往前的路已没有人工修凿的迹象,大家在满山的杂草灌木与满眼的萋草红叶以及满枝红灯笼一样的柿子树间前行,狭窄的山径上,大家排成一条长龙,前呼后应。这时候人们才真正有了爬山的感觉,为工作、为生活所累的心情终于找到宣泄的出口。

"会当凌绝顶,一览众山小",站在高高的观景亭上,九龙山的景色一览无余。"爬山不登高,等于白来这一遭。"我感叹自己没有错过。

此次九龙大峡谷之游,拉近了我与同事间的距离。大家怀着不同的心情、不同的心境,在大自然的怀抱里寻找心灵深处的同一份本真。于丹山碧水间,大家记住了那一路的风景与一路的欢声笑语。

(发表于《望月文学》第45期)

写作小记

那年秋天,单位组织青年团员和党派成员到莱芜九龙大峡谷赏秋。满山的秋红与清澈的涧水深深打动了每个入山者的心,单用相机拍摄已不能表达内心的情感。活动一结束我便洋洋洒洒写了几千字的感受,后经几次修改,删减精缩,成一千八百字的短文。

依据我本人的体会,游记类的文字不光写景,更关乎于情,没有真情绝对写不出好景,因为美丽的风景是人们用心品读出来的。只有带上自己的感情,从心里去爱它、喜欢它,那景韵才会鲜活起来。所谓如诗如画,就是人们用心读景而得来的。我是带着一份虔诚的情意走进九龙山的,去之前,我先做了大体的了解,记住了一些重要景点,所以再看那些风景时就有了似曾相识之感。那些悬崖上的青松,那些峭壁上的红叶,那条欢畅流淌的溪水,那条蜿蜒的山路,无不深深刻在我的记忆中。

与我同行的人纷纷赞我写得好,其实我只是比他们多用了点心而已。

句容——一句容天下

人间四月,春风宜人,我的双足踏上了句容这片神奇的福地。句容之大,一句而容天下,这里正是我所向往的清静之处。

葛仙湖公园

句容,自西汉建县,至今已有 2100 年的历史,面积虽然不大,却是全国最大的宗教区。

到句容宾馆将行李放下,坐了不足五分钟,就耐不住心急,总感觉冥冥之中有什么在召唤自己,于是一行四五人出门南行又西拐,不足二里就远远地看到了一处古建筑的飞檐。

近前才知这是葛仙湖公园,进得园来,但见一古色古香的高大佛塔耸于眼前。据说这"大圣塔"是为纪念去古印度取经的高僧玄奘而建的,玄奘便是《西游记》里唐僧的原型,塔前有两处碑记。不远处,就是句容人为追念东晋时期著名道家宗师葛洪的恩泽而建造的葛仙观。园里还建有华阳书院、三台阁等仿古建筑,无处不彰显着浓浓的宗教气息。

葛洪是句容人的骄傲,他是一位了不起的人物,不光在道教方面卓有成就,在医学上也作出了突出贡献。他通晓医学和药物学,主张道士兼修医术。据说,句容最好的清火茶——葛根茶,就是因葛洪最早发现其药用价值而得名的。

律宗第一名山

宝华山是句容的佛教圣地,号称律宗第一名山。

句容本地作家孙然说:"在句容众多的人文古迹中,最令人低回无尽的是宝华山。"

临来之前,已知宝华山的独特地形:山多峰连,犹如莲瓣片片,群峰之中,隆昌寺如莲房之心,威严地端坐于山之中心。因此,宝华山有"山为莲花瓣,寺在莲心中"的美誉。

当日入山,我们没能徒步领略沿途风光,句容领导安排车直接把我们拉到了寺前。所以不光没看到水,连那"林麓之美、峰峦之秀、洞壑之深、烟霞之胜"四大奇景也一并错过,更是与"一岭、二峰、二龙、四池、七台、九洞、十二泉"失之交臂。

下了车，左拐，便见池内有一尊汉白玉观音像。据导游讲，这池之水大旱不干，大雨不涨，水位始终保持一定高度。往里进入一座古色古香、错落别致的寺院门楼，这就是隆昌寺了，寺内有些昏暗，迎面一块金字匾额上写着"律宗第一名山"六个大字。

据史料记载，隆昌寺建于梁朝，扩建于明朝，至今已有1500年历史，是明清以来影响最大的受戒道场。清代人赵时揖说："宝华山戒坛为天下律宗第一。"这里设有一个很大的戒坛，是专为和尚受戒之所，据说清朝来此受戒的和尚最多时一次能达1200余人。

宝华山最初叫华山，宝志和尚最早在山上设坛传教，他圆寂之后，此山才改名宝华山。有书记载：宝志和尚生前性情怪异，常披头散发，有时甚至锦袍加身，饮酒食肉，胡说八道，但他喜欢做善事，被当地百姓亲切地称为"疯癫和尚"，后来演变为济公，成为济公的原型。

宝华山虽然不高，但名气不小。又有史料记载：乾隆皇帝六下江南，六上宝华山，只为来此寻找生父。传说乾隆皇帝初上宝华山时，遇见一位见他不跪的老和尚，便问他俗名，对方缄口不语，只随手搁下一把张开的火钳。乾隆回去后反复思考，才明白这是个"父"字。待乾隆皇帝火速赶回，将自己的鞋子脱下倒着放到地下，寓意是您的孩子到了，可是他再没见到自己的父亲。但乾隆来宝华六次每次都有诗作和赠送物品，可见乾隆对这座山的感情。

据说，康熙也曾来过宝华山，并亲赐"莲界云香""精持梵戒"等匾额；而雍正帝虽未亲临宝华山，却曾在隆昌寺前立一御碑，上有他亲笔题写的碑文："即心即佛是非是，非佛非心非是非；试把是非皆坐断，管他心佛作何依。"不过这一御碑，如今早已不知去向，是埋于地下，还是遗失，无具体史料可查。但使宝华山名声大振，成为全国受戒名寺，却与雍正有着密切关系。这在宝华山志里有具体记载。

宝华山除帝王来此，一些墨客文人也纷至沓来。清朝著名书画家笪重光来句容时，曾留下《宝华山作》一诗："最爱山居养性灵，空岩为屋翠为屏。乱峰雨过云犹合，小洞春深草更青。"当时较为流传。

在宝华山，我听句容旅游局的领导讲了这样一个小故事：老百姓都很厌恶老鼠，但宝华山的老鼠却是僧人的小宠物。因为，这里的老鼠不仅不咬经书，不糟蹋粮食，还能将殿宇顶上的树叶衔走，善解人意，一呼即至，很通人性，俨然成了和尚劳动的小助手。

乾隆皇帝登临宝华山时，对此灵物颇感兴趣，曾留下了"鼠多鼠守粮"的诗句,自古以来,为老鼠作赞美诗的恐怕也只有这一个皇帝了。

这里还住着一些道姑,只是很遗憾,我们没见到一个。

当地人曾经为宝华山特有的景观编了一则顺口溜:"庙门朝北开,只听锣声响,不见庙宇在,和尚尼姑在一块,鼠多为蓄(守)粮。"想想,还真如此。

那天在宝华山,与一个19岁的小和尚聊了好久。小师傅面容清秀,一袭佛衣,出家两年,还未曾受戒,问他为何出家,他只说自己从小就对佛门感兴趣,家中奶奶与父辈亦有吃斋念佛之心。

看来这入佛门也是要讲佛缘的,并非什么人都能进这道佛家门槛。凡事还要讲一"缘"。

第一福地茅山

茅山,一个非同寻常的地方,也是我们此行的重要地方。

书中记载:茅山,原名句曲山,又名地肺山、冈山,位于句容东南部,距南京市66公里。茅山道观初建于西汉,距今有2000多年历史,因西汉茅盈、茅固、茅衷三兄弟结庵修道而得名。它宛如一条绿色巨龙横卧于句容东南部。茅山素有三宫、五观、九峰、十九泉、二十六洞、二十八池的名胜美景。

茅山自古就有"秦汉神仙府,梁唐宰相家"的美誉,更有道教"第一福地,第八洞天"之盛誉。作家孙然说:"茅山就像一位智者,以它的安宁、纯净超然着眼前的一切。在几千年的历史长河中,它如历尽沧桑的老人慈爱地包容着一切,显现出道家的博大胸襟与坦然大度。"

茅山现在的当家人杨世华道长说:"茅山每寸土地下面都堆积着丰厚的历史,浸润着中国的道教文化;每一处建筑、每一个景点都折射、传递着悠久的历史信息。茅山就是一座取之不尽、用之不竭的道教文化富矿。"

的确,茅山山水相连,万物灵异。山得水而灵,水因山而秀;山因树而丰,树依山而密。苍郁的树木,奇特的怪石,陡峭的崖壁,幽静的溶洞,形成秀丽奇妙的风姿。

"秦汉神仙府,梁唐宰相家",这是茅山山门上镶嵌的一副对联。"梁唐宰相"是指南朝梁代陶弘景隐居茅山,梁武帝常向他请教国家大事,有"山中宰相"之誉。陶弘景不仅仅被称为"山中宰相",他还是著名的道教学者、医学家和炼丹家。当年陶弘景隐居茅山华阳洞时,为了表示对隐居地的热爱,他还将"华阳陶隐居"作为自己的名号。

初中课本曾选录《答谢中书书》,这是陶弘景给朋友谢中书的一封书信,将谢中书当作能够谈山论水的朋友,反映了作者娱情山水的思想,同时也表达了作者期望与古往今来的林泉高士相比肩的思想情感。陶弘景自幼聪明好学,10岁开始研读葛洪的《神仙传》,并深受葛洪的影响,有了崇仙慕道的思想。葛洪是茅山道教史上享有很高声望和地位的一位仙人,他精通丹术,并撰写了道教的重要经典《抱朴子》等理论专著,这些都为陶弘景创立"茅山宗"而打下坚实的基础。

从古至今,茅山吸引了众多帝王将相和文人墨客。正像句容市市长尹卫东所言:"虽然茅山的脉脉青山、潺潺流水与世间群山相比,看似无可惊奇,甚至显得那么低调而不争、自隐而无求,但近而观之,其间九峰、十九泉、二十六洞、二十八池,却充满了神秘的魅力,仿佛能让玄言具象,让哲理入境,从而构成道家修真养生最完美的气场,而为历代求仙者、求道者、求隐者、求远观世相而觉悟者所私寻珍爱。"

当年秦始皇曾亲临茅山,并在茅山埋下一对玉璧,留下了千古未解之谜。李白、李商隐、皮日休、韩愈、刘长卿、王安石、范仲淹、唐伯虎等人,均留下脍炙人口的游茅山登四峰的诗词歌赋与游记墨宝。苏东坡多次游历茅山,沉醉于茅山的秀色,在茅山留下他的墨宝"华阳洞"三字。近代政治家康有为也曾隐居于茅山,而且其母的墓也安奉在茅山。另外,康有为还深有感触地在茅山手书了"众妙"二字。

茅山四宝(玉印、玉圭、哈砚、玉符)的玄妙,0号道长的神奇,老子神像手心直径一米高的"蜂窝",华阳洞前苦想"山中宰相"陶公修行如何入得窄小的洞口,甚至苏南抗战胜利纪念碑"碑前放鞭炮,空中响军号"的未解之谜,还有满山的葛根与紫藤……无一不让我对这座不高的山心生敬意。层层神秘的面纱将茅山深深刻在了我心里,如同我虔诚地请回盖有"九老仙都君印"的平安符以及小心珍藏的0号道长送我的"难得糊涂"与"忍容郁旺"八字箴言。

"山静峰秀凝神气,林幽泉清知道源。"虽是行色匆匆,然而茅山独特的道教文化氛围、秀美的景色以及丰富的人文景观给我留下的印象,是很难用几段文字表达出的。

句容之行,让我对句容人的厚实热情也有了很深的感受,那种掏心窝子的真诚,唯恐每个来此观光的游客看不到句容丰厚的文化。他们用热情的态度、高规格的接待,把句容2000多年的古韵人文点点滴滴梳理个透彻,让来过这片土地的人也像忘不了茅山和宝华山一样,忘不了生活在这片热土上的句容人。

(初发《东方散文》,后入选《品读镇江》)

写作小记

句容是座美丽的城市,城市的名字也那么别致。

句容这地方特别之处太多,不仅有那处"地上放鞭炮,空中响军号"的神秘,这里的山水也很神奇,尤其是福地茅山,冥冥之中总像有神灵在关注着我们,使我们一举一动、一言一行都显得格外紧张,仿佛一不小心就会亵渎了这片圣地。句容不光山有灵气,句容女子也长得秀丽,作家杨子便是其中代表之一。

这篇游记写得很动情,基本上把在句容的所见所感全收进了文章,使得文章看起来有些拖沓,有些粗糙。如果想描写得再详细一点,可以分成三篇文章。游记就是这样,可以写面,也可以写点,只要文中有景,景中含情,抓住一两处有代表性的景物来写即可。

竹泉夜声

红灯小径觅闲情,
夜深独步寻幽清。
竹林轻摇蛙声浅,
青石板上泉水鸣。

沂南竹泉村的夜景,让我情有独钟,至今回想起来仍感慨不已。静谧的夜空下,那种清幽的脆响,声声过滤着我的心灵。

四月伊始,鸟语花香,带着朋友的一路祝福,我踏上了沂南的度假村之旅。

夜里十点到达笔会地点,夜幕下的竹泉村早已华灯高照。走过一座石砌的小桥,沿着青石板铺成的小道缓缓前行,耳畔是潺潺的水声,像悦耳的歌声一样,人走到哪里,歌声也跟到哪里。

这里一家一小院,错落别致,门前的红灯笼在杨柳风里摇摆,油漆大门上醒目的对联平添了几分节日般的温馨,让人不由得想到春节,想到故乡,想到老家,想到鬓发斑白的老妈,也许她正站在一样的大门前向着儿女归来的方向远望。

一家家紧闭的院门,把白天的喧嚣一并关到了大门之外。除了我们的说笑和流水的合鸣,印象较深的还有那些围绕着院落生长的茂密的翠竹丛。微风吹来,竹影轻摇,簌簌作响,恰似人们的情浓淡语。目及之处皆家家红灯飘扬,户户翠竹盈院,清流绕窗,叮咚作响。

我只走了一段路,就迷上了这雅致的景色,便抛下朋友,一个人逗弄于石上细流与院内竹丛中,那种领会到却表述不出的情调,让我望着一条连一条的幽幽小巷出神。来,就是放飞心情的,今夜我一定游走到底。

安顿好住宿,我顾不得疲劳和饥饿,撂下包裹,怕高跟鞋把这宁静的午夜敲醒,惊了它一年一次的春梦,便自觉地换上运动鞋,踮着脚尖走出安静的小院。

出了院门,就听到流水的响声,跟着它,一直往窄窄的小巷走,有月无光,只剩一片静谧。自然之琴,在耳边弹拨着或轻或重、或大或小的合奏曲。我看到了石块叠起的墙、木头雕刻的窗和山草覆盖的房顶,一个院子紧靠着一个院子,里边多的是竹,少的是梅,也有一番被弃用后露出来的荒凉。门前房后,尽显原始神态。这个据说自元朝就存在着的古村,正是因为有了水的滋养,有了竹的情韵,才有了这种古迹的延伸。

省作协副主席刘玉堂先生毫不掩饰对竹泉村的热爱:"竹林古泉老村,小桥流水人家。"

在这个没有丝毫畏惧的夜里,我一个人饶有兴趣地徘徊在青石、翠竹、清泉、草屋组成的一幅动感的油画里。一边走,一边寻我喜欢的幽静境界。有的窗里传出喁喁私语,有的窗里响起鼾声,我像一个偷听的幽灵,轻手轻脚地在青石巷、绿竹林的房前檐后穿行。耳旁有竹的轻响,水的欢唱,虫的呢喃,蛙的浅叫;远处有一两声的狗吠,还有山风的回响,更有一种壮阔的水声激荡在耳边,几乎掩去了其他的声息。我循着水声想找到竹泉的源头,看到的却是一个黑黝黝的水车正机械地转着,我有些失望,想原路返回,却已忘了回去的小道。

左拐右拐,也不知方向是哪,偶然在一个叫驸马府的地方,发现一池清澈碧波,池东有一别致小亭,感觉好奇,便沿着池壁转到小亭,只见昏黄的灯光下,一块石碑立在亭内,碑上赫然刻着两个大字——竹泉。

"踏破铁鞋无觅处",原来这一汪碧水就是竹泉。所有绕村而过的水流都是从这里起程。泉眼靠在一片浓密的竹林旁,前边还有一圈十二生肖的造型,从这些造型的口里不时地喷出水花,与竹泉溢出的水声合成美妙的二重奏,二者又汇成一条淙淙小溪,绕着竹林缓缓而下。一排石磨铺成的小桥,从小溪中间弯弯曲曲地穿过,一只小巧的竹筏搁置在不断流淌的河岸边。此时,不远处两盏红红的灯笼挂在驸马府门前,朦胧的灯光迎合着朦胧的月色,我在这朦胧的世界里一个人蛮有趣味地独享着泉音,独享着快乐,独享着一份忘乎所以的寂静。

诗人王籍在《入若耶溪》中写到"蝉噪林逾静,鸟鸣山更幽",我想此处何尝不是"竹唱夜犹静,泉歌村更幽"?远远的一声犬吠,又带来一两声极浅的蛙鸣,这样的夜,这样的感受,一辈子都不会忘却,那是一种全然忘我的自在呢。

夜的声音这样丰富,如果你没有善读的趣味,错过了晚上,白天再凝神静气,也听不到竹叶的歌唱,泉水的吟咏,青蛙的抒怀。

那一夜,我最潇洒,因为竹泉的独到之美只有我一个把它收藏在了心中。

（初发《青海湖》,后发《山东青年作家》,获"竹泉村"杯征文三等奖）

写作小记

去沂南竹泉村参加文学活动,第一次看到幽静的竹泉村。一家一户一小院,门楼上挂着红灯笼。恍惚间我像回到了老家,看到母亲正站在门口眺望,一瞬间就爱上了这个古朴、别致的地方。

月亮升起来了,借着奶油似的光亮,我在一间又一间的小草屋前流连忘返。走遍了所有的小巷,甚至顺着"哗哗"的水流声找到了竹泉。之后,一个人坐在月光下的吊椅上,看月光竹影,闻水声风声,远远的一两声狗吠让我想起遥远的故乡。那一夜,一个人坐到很晚,听够了竹泉的夜声,才依依不舍地回到住处。

此文写作视角独特,着力写了竹泉的夜声。用细腻的语言、真挚的感情,把对竹泉村的喜爱表述得淋漓尽致。全文以动写静,突出竹泉村别具一格的情韵与幽静。

鹊山来客

阳春三月,我们相约一起爬鹊山。朋友们坐车,而我愿意骑车。翌日,我起个大早,带上吃的与喝的,独自踏上去鹊山的路。此时微风轻拂,天气清爽,乌鹊低飞,车流如水。我夹杂在行色匆匆的人流里,很快就到达了目的地。

此时的鹊山非常安静,也许正做着梦吧,我没有惊醒它,而是绕着它转了一圈又一圈,先是近看,而后远观。

忽然一阵歌声从斑驳的树丛里传出，是谁大清早在这儿放歌？循着歌声前往，我看到藏在树丛里的房顶，再近看时，房屋越来越多，原来这就是鹊山东村，山后是西村，鹊山成了一村两分的大屏障。

一户人家正在操办喜事，甜美的歌声就是从这里传出的。此时，亲朋好友已三三两两立于路口，说着笑着等待新人到来。我四处找寻，希望看到我熟悉的背影，可一个个笑着和说着的面孔，都贴着"陌生"的标签。走出村口，我才恍然，这里不是我的故乡！

终于等来了朋友，我们在导流堤下汇合，从鹊山西测沿一水泥小道北行。没走多远，便看到神医扁鹊的白色大理石雕像掩映在小树丛中，不细看还真不容易发现。雕像就立在三层圆形平台上，扁鹊高挽发髻，留着长长的胡须，腰间挂着药葫芦，右手拄着拐杖，左手背于身后，神色淡定，目光炯炯。同行的朋友却摇摇头，连声说着"不像，不像"。而我却为眼前的萧条景象而失望不已。后院便是神医之墓，偌大的院子里堆满了杂物，从几床晾晒的被褥间隙，我们看到了一堆一米高的土丘，扁鹊就睡在这冷清的土丘下。土丘之上是去年枯萎的荒草，虽是春日，整个院子却只有那垄麦地泛着绿油油的生机。

一代名医，生前不慕名利富贵，死后躺在治病救人采药炼丹的地方，荒僻、凄凉不说，有些村民竟不知墓里的人是谁，委实可叹。

再往里走，就是鹊山主体了。鹊山没有主峰，但山上怪石嶙峋，山路难行。我们沿着北面"卧狮"的头部向上攀援，此处地势不高，荒草灌木，较为难行。大家说着笑着，很快到了第一座山峰，站在暗红斑驳的小亭子里，远远看到鹊山水库像一块无瑕的碧玉跃入我们的视野。一列火车正从湖畔驶过，远处飘着一两朵云彩，快乐的乌鹊在眼前兴奋地翻飞，此情此景，我们的心儿已陶醉。

赶忙铺毡野餐，对酒当歌，和着原生态的美景，我们念着春天的诗，用彼此的家乡话抒发着快乐的心情，还集体创作了《鹊山小吟》：

> 鹊山风高吹云动，
> 翠湖玉碧依山北。
> 我与诸君醋春色，
> 旧墓荒凉乌鹊飞。

忽然一阵"呼啦啦"的声音，抬头看时，一大群的山鹊黑压压地飞起，后面的一支驴友团跟了上来。鹊山终于被吵醒。

酒足饭饱，我们沿山脊由北向南，这是一个不小的考验，因为从南面过来的游客明明白白地告诉我们，由北往南的路不好行走，劝我们最好别冒险，但我们还是固执地踏上了这条道。

没走多远，就累得开始喘粗气，大伙儿面面相觑：再往前，没有路了，只有大大小小的石头，光滑得让人心惊胆战。

我们决定继续前行。村里的孩子在前面玩耍，他们敏捷地攀上跳下，吓得我们连连惊呼，他们却毫不在乎。因为路况不熟，我们不得不随时询问着。这几个孩子直爽可爱，很乐意帮我们。一个小孩子还骄傲地告诉我，这山上没有他们爬不过去的地方。另一个瘦瘦的小男孩干脆当起了我们的导游，很专业地领着我们向前行进。这个小男孩轻快地走在前面，碰到特别险要的地方，还时时提醒我们，有时候还回头帮我们一把，这个聪明伶俐的小家伙赢得了我们所有人的好感。他不光把我们顺利地带过最难行的地段，还将我们一直安全地护送到山下。

当夕阳吻上西边的地平线，把橘红色的晚霞洒遍鹊山，也到了我们与孩子，与鹊山说再见的时候。一日之游，我们收获的不止是快乐，还体会了登山的惊险，感受到了童心的纯朴。我想，我们还会再来鹊山的。

（发表于《新世纪诗刊》散文版 2011 年合刊）

写作小记

这是一篇叙事性的游记，写了整个爬山的过程。出发前——到达——汇合。开心了一番后又继续前行，这时候的山路已不能叫路，因为根本就没有路，全是一些光滑的大石头。顺着山脊慢慢往前移动，又惊险又刺激，但大家爬得非常有兴致。后来多亏了几个常来山上玩耍的小男孩，在他们的带领下，我们才一步步走下山来。

文章原来分了几个小标题，经过修改后，内容减了不少。"鹊山来客"贯穿全文，沉睡的鹊山被山外来客悄悄唤醒，读来还是蛮有趣味的。因为有人有事有景物有情节，避开了单纯写景而产生的呆板与乏味。

峄山神韵

"泰山雄,黄山秀,赶不上峄山的大石头。"如果你不曾到过邹城的峄山,便绝不会想到世上还有这样一座奇山。这座山由各种各样、大大小小的石头蛋组成。那遍布整个山体的巨型石蛋群、华丽的石柱林和奇形怪状的滚石形成了各种天然石雕。如果你站在峄山的高处向下眺望,满眼尽是光滑的卵石蛋。只有你亲眼目睹过,亲身感受了,你才会相信这座"天下怪石第一山"的美称决不是浪得虚名。

峄山不大,但知名度不小,这里有大教育家孔子在此讲学时留下的"孔子登临处",更有"孔子登东山而小鲁"的石刻;有公元前219年秦始皇灭六国统一中国后,五次东巡首登峄山时留下的"秦峄山碑";还有刘邦、乾隆、孟子、李白、杜甫、欧阳修等历代帝王将相与文豪名家来峄山时留下的珍贵诗文碑碣。

来到山脚下,还没开始爬呢,先感受到了此山的两处神奇:一处是山门前屹立的一块自然奇石——子孙石,这块石头有四五米高,石身坑坑洼洼,顶部却很平整,最上面还建有一个小巧玲珑的亭子,名为"子孙堂"。亭中影影绰绰的还有人物塑像,红红绿绿的,据说里面住着一位娘娘,专门为人求子的。另一处神奇便是登山的第一道门槛,好像这道门槛与别处不同,朋友们说这是"赫门"。我不懂,也没深究,只看那门额上有四个大字——临下有赫。门柱上还有一副很有意思的对联:"上有赫赫赫赫赫插天表,下有赫赫赫赫赫喧人间。"更不懂了,回家查了查资料,也没多少具体说法。一说峄山主峰五华峰高秀独耸,玲珑峻雅,犹如通天玉柱,更似出水芙蓉,使峄山奇观煊然赫赫,惊天地泣鬼神。二说峄山后边的牙山上有一块巨大的石头,如石棚一般,名叫"赫石"。

我喜欢山,更愿意爬山,这与我小时候一直生活在山脚下有关系。我去过黄山,登过泰山,攀过天子山,逛过包括千佛山在内的济南近郊远郊的大大小小的山,家乡的浮来山与马亓山更是爬过无数次,且常以登上极顶而倍感惬意,可是那天我却没登上峄山的顶峰,带着巨大的遗憾,无功而返。

我们是沿东路进山的,一开始十几个人,老老少少,有说有笑,边走边聊边欣赏大自然的鬼斧神工。随着地势越来越高,道路越来越难行,我们的队伍规模也越来越小,年老体弱的已经原路返回,最后只剩下我、艳芹,还有来自肥城的松波和传勇,我们组成一个登山小分队,大家任命"坐地虎"艳芹当登山小队长。她从小就生活在邹城,常与同学结伴来峄山玩耍,这个"坐地虎"比我们初次光临此处的外地人还兴奋。

我们走的那条道据说是隋唐古道,沿途尽是滑溜溜的大石头,且形状各异:有月亮形的、元宝样的、老龟式的,类于馒头般的,跟宝瓶似的,还有将军石……这些巨石虽然形状不一,但特点都无一例外地神似:表面光滑,像被什么打磨过一般。艳芹一脚踹向路边一处卧在草丛里的圆球样的巨石,冲我妩媚一笑:"姐,给我来一张飞脚踢足球的特写!"她真的就做了个踢的动作,我则做了一指飞禅的架势,好像我们都是力大无比的巨人。

到达小南天门,终于与坐索道的朋友重逢。

但小南天门不是极顶,极顶在五华峰,我们小组一合计决定再向最高峰前进。路慢慢险了、陡了,途中,时常遇到三三两两爬山的年轻人,他们轻快的步子很让人羡慕。沿途还遇到一个卖食物和矿泉水的当地大姐,问她这山的来历,她大大方方地向我们介绍:"听老人说,这山以前是从海里升上来的,这里原来是一片汪洋,因为发生火山地震,水没了,就出现了这座山。"原来,这些或大或小的鹅卵石就是这样形成的呀。

考验我们的时刻终于来到了,峄山的最高峰五华峰就在前面了,但我们却不断遇到半路折回的游客。问到前面的路况,他们都说更陡了,根本爬不过去。我们不信,但又少了些底气,走到最后,一点路也没有了,全是光滑的大石头。这时候,我们不再只满足双脚,在狭窄而又陡峭的地方小心翼翼地手脚并用了。据说,这五华峰是由五块突兀的巨石抱立成一朵盛开的莲花,我们只想到那莲花石上感受一下峄山的风光,可是到达踞龙洞后就再也爬不动了。

踞龙洞是通往山顶的唯一通道,里面不仅光滑,而且曲折狭窄,仅容一个人匍匐前进。据说,当年秦始皇来这里也是卧下身子,屈膝而过的。我们爬过此地之后,不光脚底发软,腿都跟着发颤,尤其是看到一个很勇敢的小伙子爬上前面那块大圆石后,上不去也下不来的情形,再无信心前行了,什么"无限风光在险峰",还是"生命诚可贵"吧。大家对望一眼,决定就此放弃。

刚下小南山门,一个从最高峰下来的游客说,其实过了踞龙洞,朝右拐,猫腰过一石洞,不多久就能到达山顶了,你们就差那一步!原来走错道了,等我们想回去重试,天色已经不早,只好悻悻地下山了。但峄山的奇险和俊美,我们已充分感知。沿途走来,大大小小的石蛋,或平或展,或圆或方,或独立或重叠,一块块飞来巨石,无一不带给我们惊叹。想想,剩的那一点遗憾就算为下一次留些念想吧。

峄山,不如泰山雄伟,但一样让人难忘;峄山,不如黄山秀丽,但一样让人留恋。峄山有自己的风情与豪气,它的情韵只有亲历的人才懂!

(发表于《东方散文》2011年春)

❀ 写作小记

这是多年前写过的一篇有关峄山的游记,虽然时间不短了,但峄山的神韵至今还在我脑海里浮现。爬过那么多大大小小的山,唯有峄山最让我难忘。难忘的不止是那些光滑的大石头,陡峭的山路,还有那次爬山的经历。

从古至今,不知有多少文人墨客爬过峄山,写的关于峄山的文章也不计其数。峄山独特的风景早已在这些文章里呈现过,有诗有文,皆生动逼真。如果一味地写峄山的风景,我们是写不过前人的。思量之后,我选择了以爬山的过程来穿插峄山的景色,或峭,或险,或奇,或雄,通过我们的感受一一表达出来。沿途风光无限,但每人的审美角度不同,这样才不会千篇一律。对于熟悉的人、事、物、景,如果已有太多人写,就尽量避开,不是说熟悉的地方没有风景,而是以新颖的角度去切入,文字才会鲜活。

古柏情怀

一脚踏进邹城,心就醉了一半,那熟悉的小城气息让我一下闻到了故乡的味道。顺着野菊的清香,带着膜拜的心情,我走进了"亚圣"孟子的故居。

从小就听父辈们讲孟母三迁和断机杼教子的故事,上了学就开始背孟子的名言,学孟子的篇章,而今我走进孟子生活的地方,循着圣贤留下的足迹,穿越时空的隧道,近距离地聆听先贤的教诲:"天时不如地利,地利不如人和""富贵不能淫,贫贱不能移,威武不能屈""以天下与人易,为天下得人难""民为贵,社稷次之,君为轻""生于忧患,死于安乐""得道多助,失道寡助""以德服人,心悦诚服"。我边走边默默地背着这些再熟悉不过的语录,千百年过去了,圣人的思想与主张一点点渗透到后人的心里,就是这里的山山水水、一草一木也无不浸润着孟子文化的气息与丰蕴。

我尤其喜欢孟子故里那些参天荫翳的古木,近千年的阅历让它们也充满了迷人的智慧,特别是那千姿百态的苍柏。无论你走进孟林还是孟府、孟庙,都能感受到它们带给你的心灵震撼。

明代著名书画家董其昌在拜谒孟庙时曾写了这样一首诗:"爱此孟祠树,森然见典型。沃根洙水润,含气峄山灵。阅世磨秦籀,参天结鲁青。方知樗散寿,只入列仙经。"虽然是以树喻人,表达了对孟子的崇敬,但也展现出了"古木参天绕古祠"的景观。

喜欢柏树,因为它的凝重淡定彰显着孟子文化的丰厚,它常年披绿叠翠,受高温也耐严寒,不畏风霜、坚毅挺拔的品质常常成为正气、高尚、长寿、不朽的象征。孔子对其也情有独钟:"岁寒,然后知松柏之后凋也。"也许经历了太多自然与社会的风雨,让它们不仅多了些面上的沧桑,更多了些心上的陈年旧痕。那一条条深深浅浅的纹理,藏着不为人知的秘密,它们站在风雨里迎来送往,用心地撰写着一代又一代的历史。柏树,以它的隐忍与睿智,为百木之长一点不为过。

在孟林,我和朋友抚摸着一株连一株的老柏,总感觉有很多的感慨要抒发。我们的到来打破了柏林的宁静,它们一定额首静听着我们的对话。朋友指着一株树身极度扭曲的柏树,悠悠地说:"这棵大树不知有过怎样的挣扎,瞧,这树身扭了多少道弯,看层层叠叠、坑坑洼洼的树表,很多年前,它一定承受了非人的折磨。"

我笑了,她这样年轻,竟然想得那么深远。其实,在非常的年代里,信仰的交锋,激进的行为,何止是树,连人的身心也备受摧残。在"批林批孔"的年代里,这些古柏一定没有现在这般平静,但人挺不过来的日子,古柏却最终挺了过来。

"瞧,那一棵,还有一只眼睛呢。"大家不约而同地围过去,真像呀!"一只智慧的大眼睛!"我赶紧用相机拍了下来。我想,这只眼睛一定看到了千百年来的风雨沧桑。就这样,我们一路走,一路与古柏对话。柏树下金黄色的野菊散发出阵阵清香,一直陪伴我们走近红墙环绕、松柏掩映的孟子墓地,一代圣贤就长眠在这里。一束新鲜的金黄色野菊安静地躺在圣人墓前的祭台上,它寄托了我们对这位伟大的思想家、教育家的崇敬之情。

在这次孟子之乡笔会上,我结识了来自全国各地的很多文朋诗友,他们中有的已年过花甲,却依然热爱着文学,热爱着生活。他们披着岁月编织的银发,露出桃花般的笑颜,来圣人的家乡亲身体验孟子的成长与生活环境。看他们蓬勃的兴致和潇洒的背影,我特别感动。天津的赵大姐已经72岁了,她退休后去美国待了好长时间,从事教育工作多年的她利用在美国生活的便利,深入到美国的家庭生活与学校生活中,将一些很值得中国人借鉴的东西一一记录下来,写成了多篇美国生活随笔。整个笔会上,她都是最活跃的人物,率领着一大帮舞文弄墨的老姐妹,一起来到孟子的故乡,拿她的话说:"为了老有所乐,老有所爱!"还有天津的刘老师,他曾当过中学老师,也当过大学老师,文革时期也被人整过,但他说的一句话却深深地印在我脑海里:"我现在是站在宇宙看人生的人了。"这话说得多洒脱、多大气。

我又不由得想起了长清笔会上的一位许老先生,已78岁,近耄耋之年,还满怀热情地跟我们参加笔会活动,一句一句朗诵着自己的新作,还能一口气背过自己写的20多首长诗,惊得在座的大小文友目瞪口呆。他给我们讲起他的创作生活与创作心情,仿佛依然在他人生的春天。他说:"看看书,读读报,写写诗,是我晚年最大的快乐。别的什么也不想,什么也不多求了。"

人到了一定的年龄就会越来越睿智,如《论语》所言:"七十从心所欲,不逾矩。"树长到一定程度,也像古柏一样隐忍而恬淡了,不知这算不算一种智慧?

(发表于《东方散文》2011年夏季刊)

写作小记

在孟子故里,印象最深的莫过于那些沧桑的老柏树。一进那老院子,我就被一株株参天的柏树深深地吸引了,连头发斑白的老文友也被打动了,我们在树下合影,围着老柏树感慨不已。也许真的是因为柏树的凝重和淡定才彰显了孟子文化的丰厚,才被后人如此钟爱吧。"岁寒,然后知松柏之后凋也!"就连孔子也对它发出由衷地赞叹。

老柏树不畏风霜、坚毅挺拔的品质成为正气、高尚、长寿、不朽的象征,而且这种品质还能给人带来精神上的莫大慰藉。那些已是满头白发,本该在家颐养天年的文学爱好者,他们千里迢迢,不辞劳苦,四处游览祖国的山山水水,寻觅古老的文化足迹,将饱满的激情融入文字之中,这何尝不是老柏树的精神?

这篇文章,表面上是写老柏树精神,实质上是写具有老柏树一样吃过苦、受过难,晚年依然不甘平庸的老文学爱好者,由景及人,入情入理,便是这篇文章最大的特点。

聊斋故里拜蒲翁

双脚一落蒲家庄,迎接我们的便是那令人生畏的鬼狐叫声——这是当地村民用自制的竹哨模仿电视剧《聊斋》里的配乐发出的声音。

听着蒲家村人娴熟的吹奏技巧,我们忍不住也拾起一支竹哨,却怎么也吹不出那种酥麻的腔调,只得怀着朝圣般的心情向"柳泉居士"的故居走去。

一条悠悠的石板小巷一直往前延伸。没多时,一座青砖灰瓦、门楣雕花、上面覆满茑萝的小门楼便呈现眼前。再入眼帘的,是郭沫若题写的匾额"蒲松龄故居"。古老的黑木门已经打开,这是最热情的待客礼俗吧。一脚迈进大门,我不禁深吸一口气,整个身心顿时被院内昂然的文气充满,如沐芳菲。

这是一座古朴、别致的农家四合院。院落坐北朝南,前后四进,西有跨院。院内瓦舍茅屋相间,月门花墙错落有致,古藤茑萝,花木扶疏,翠竹摇曳。北院正房三间,是蒲松龄的起居室和他的书房"聊斋"。正中高悬着"聊斋"二字匾额,匾下是蒲松龄74岁时身着清代公服、手捻银须的画像。上面还有蒲松龄亲笔题跋二则。导游虽讲得很细,可回来后便忘了内容,查阅资料后方知:一则是"尔貌则寝,尔躯则修。行年七十有四,此两万五千余日,所成何事,而忽已白头?奕世对尔孙子,亦孔之羞";二则是"癸巳九月,筠嘱江南朱湘鳞为余肖此像,着世俗装,实非本意,恐为百世后所怪笑也"。画像两侧是郭沫若的手书楹联:"写鬼写妖高人一等,刺贪刺虐入骨三分。"室内还陈列着蒲翁当年用过的桌椅、床架和文房四宝等器物,让人自然而然地联想起蒲翁奋笔疾书创作《聊斋志异》的情景。

南院有平房两间,旧称"磊轩",是以蒲松龄长子蒲箬的字命名的。西院系新建的陈列室,展有蒲氏家谱、手迹和其多种著述,还有英、俄、日、法等外文版本。聊斋正房后是展室,展出了中外蒲氏研究家的多种论著,以及当代文化名人老舍、臧克家、丰子恺、李苦禅等人为故居所作的书画、题词。

清代小说家吴敬梓曾写过《范进中举》一文,说范进连年考场试举,连年落第而归,直到60岁才中举,结果喜极而疯。而蒲松龄19岁以乡、县、省府三个第一的成绩中了"秀才"后,此后就是连续的落榜,六次应考均未通过。据说,最后一次应考时蒲松龄已达71岁高龄,考完第一场时监考官就已决定录取他,遗憾的是先生第二场抱病,终难如愿。

在"学而优则仕"的封建思想束缚下,蒲先生到底也没有像范进一样幸运,到72岁才得了一个岁贡生,还是最后的补缺,而这便是先生一生最高的功名了。

蒲松龄一生穷困潦倒,虽未谋得一官半职,却始终坚持文学创作,笔耕不辍,为我们留下了200多万字的短篇小说集《聊斋志异》,还有各种家乡俚曲、文章等。

一生功名难进,文字传载千秋。蒲松龄和他的《聊斋志异》以一种纯朴的"聊斋文化"传播开来,为淄博这座历史古城增添了一颗璀璨夺目的文化明珠。

半日匆匆游历,来不及到柳泉和聊斋园,甚是遗憾,留下念想,希望下次再来拜仙。

（发表于《未央文学》2012年10月）

写作小记

从小听着聊斋的故事长大,对蒲松龄无比的崇拜。虽然与蒲松龄故居离得不远,但却一直没有机会观瞻。2012年,朋友约我去淄博参加活动,才终于圆了去蒲家庄的夙愿,因行程紧张,也没能尽兴。

山不在高,有仙则名,蒲家庄不过是一个普通的村庄,现代气息不足,古朴民风有余。但因蒲松龄曾在这里生活过,蒲家庄就成了文人墨客常常光顾的地方。这里的"聊斋文化"也就慢慢发展起来。

蒲松龄故居是一所别致的农家四合院,后人几经修缮,虽明显看出加工的痕迹,但仍保持古朴、雅致的风格,这样的环境与蒲翁的经历、心境相吻合。一生安贫乐道的他绝不可能把自己的家布置成类似江南富商的宅院。当然以文为生的他,也没有给家人留下丰厚的钱财,却给后人留下了宝贵的"聊斋文化"。

本文在写作过程中紧紧把握住两点:一是写景要细;二是写人要精。通过对蒲松龄故居小院的具体描述和蒲松龄坎坷际遇的概括,写出了他在文学上的贡献以及对家乡文化的影响。

我从湘西归

从湘西归来的那几天，我一直处在昏昏沉沉之中。导游说湘西有一种放蛊的传说，我便疑心自己中了蛊的邪，把自己的魂儿暂且留在了湘西。稍有精神之后，梳理那满满当当的湘西情结时我才醒悟，挽留自己的其实不是神秘的蛊婆，而是湘西武陵源那充满仙韵的三千奇峰、八百秀水；是凤凰古城青石板、吊脚楼上，灵动的情韵；是沱江乌篷船上，凤凰阿妹甜美的歌声。

来张家界之前，就有人对我说，张家界里住着神仙。我便怀着好奇心渴望一睹仙姿，也希望能沾一些仙气回来。

且不说神仙到底有没有，只说那与众不同的登山感受便是人生的一大惬意。三千座奇峰拔地而起，在原始的旷野之上骄傲地耸立着；八百条溪流蜿蜒曲折，穿行于莽莽峡谷之中，一望无际的壮美。还有那不可揣度的神秘，那无法捉摸的魅力，更是超凡脱俗的另类世界，难怪李白说："功成拂衣去，归入武陵源。"

站在顶峰，看那天子山：石峰林立，山峦绵延，植被葱郁，一种原始野性的美涤荡着游人的心胸。望着那伸出手臂就可触及的悬浮山，大自然蔚为壮观的奇景让人未见神仙，倒感觉自己已飘然如仙了。恍惚之中，那些患得患失的利禄功名便失了踪影，于这豪迈豁达的自然面前，心情透亮得如不染一丝杂质的水晶，这也许就是"鸢飞戾天者，望峰息心"的最高境界了。

奇峰高处，鸟瞰群峦，收获的是开阔的胸襟；峡谷蜿蜒，仰视高峰，收获的则是宁静淡泊。十里画廊，清流潺潺，翠鸟鸣啼，野花绿草，又加两岸凛凛的群峰，形成一幅十里之长的天然画卷。"采药老人"宛如一清瘦的土家老翁，头缠布帕，背微微前屈，撞于深山采药归来，背篓中的仙草都摇曳清晰。三座修长俊秀的石峰并列而立，这便是"秀女三峰"。传说她们的丈夫战时遇难，守家的土家三女便发誓不再另嫁，遂化为石峰，守候着自己的家园，武陵源的山就这样有了自己的灵气和爱恨情愁。

相比于十里画廊，金鞭溪则更像一条绸带，舒展在幽谷，轻歌曼舞，滋养着游人的缱绻之心。这里古木参天，野藤缠络，阴湿清凉。导游说，这溪中的水洗澡不用香皂,洗头不用洗发液,洗衣也无需洗衣粉,金鞭溪水就有这等神奇的功效。

走在有些湿滑的台阶上,听着悦耳的鸟鸣和潺潺的溪水声,一只只野生的猕猴蹿到游人面前争抢食物,眼神里充满了挑衅,给游人平添了许多情趣。边走边观望溪畔两岸林立的奇峰:"八戒驮媳""师徒取经""双龟探溪""劈山救母""神鹰护鞭""千里相会"……惟妙惟肖的形态,让人不得不惊叹大自然的鬼斧神工,真正体味到一种"经纶世务者,窥谷忘返"的人生境界。

"不上黄石寨,枉到张家界。"虽然爬上去再爬下来,只需两个半小时,但我们几个终究没有勇气再攀这座山峰,只好在老磨湾下等勇敢的征服者。忽然,一场雷雨无来由地当头淋下,直浇得人无处躲藏,不等找到避雨的地方,雨又奇迹般地停了。那直上直下的奇峰竟从半山腰浓密的繁荫里升起了阵阵仙雾,领队指着不断升腾的雾气说:"看,这里就住着神仙,要不也是千年狐仙。"我们听了都忍不住笑了,一个个痴迷地望着那渐升渐浓的仙雾,陷入遐思。

真希望做个武陵人,像袁家寨的土家人一样,生活在这高高的仙山上,守望着绮丽的自然风景,过着一种类似于神仙的日子。

别了,张家界。别了,神奇的武陵源。你的第一桥和第一梯,还有乾坤第一柱,都已深深地留在我们的记忆里。

从张家界出发,穿越高高低低的山道,绕过数不清的弯儿,期待已久的凤凰古城在暮色中走进我们的视线。

小城很静,她已睡着。那一夜,我们守在城外,望着不远处灯光摇曳的凤凰古城,想起了与这座城有关的传说,让我们充满了敬意,也充满了向往。我们来寻找沈从文少年的足迹和那青石板上古朴的凤凰情结,我们来寻沈老笔下的翠翠,不知道她还在不在边城。

次日清晨,阳光明媚,我们兴奋地踏上这片神奇的土地。美丽的小城有着和凤凰一样迷人的风采,它的灵秀远远超出了我们的预想。一块块厚重的青石板布满大街小巷,因历史的久远青石板上泛着油亮的光,踏上去就会发出脆耳的响声,如同阿妹甜美的歌声。悠长的小巷,古色古香的建筑,陈年的砖墙,古朴的木屋,高高的木板门槛,无不印证着这座古城历史的久远。这时,凤凰人的母亲河——沱江,传来了一阵热闹的歌声,我们把目光投向美丽的沱江。

沱江穿城而过,两岸布满高高低低的吊脚楼,来往的乌篷船上不时响起凤凰阿妹悦耳的歌声和游人的笑声。女子们在河边洗衣,孩子们在河边戏水。我们也踏进两头尖中间宽的小船,戴着椎形斗笠、身着对襟短衫的凤凰艄公便慢悠悠地把船划进碧绿的沱江,一会儿便唱起了动人的山歌,一曲唱罢,我们也跟着唱起了团歌,那景致让人一生都不会忘却。

我们走进沈老的故居,这是一座古老的江南四合院,院中以石板铺成小天井,四周为木质古屋,全是镂空的木窗。房子虽不大,却透着一股幽雅的灵韵,沈老就是在这种古朴雅致的环境里度过了他的童年与少年时光。在这里,我们看到了一张感人的照片:沈老的夫人,70多岁的张兆和从后边揽着他的脖颈,俩人笑得那么开心。他们半个多世纪的爱情羡煞了多少寻求完美、追寻浪漫情怀的才子佳人。

我们还参观了熊希龄的故居。熊希龄,这位凤凰城的老才子,他的爱情也充满了传奇色彩。我们看到了他与爱妻才女毛彦文美丽的结婚照。之后,我们又走进了陈家祠堂和杨家祠堂,感受到了当年这些不一般的凤凰能人的风采。

黄永玉老先生的家——夺翠楼是给我印象最深的。它是一座仿古建筑,造型独特,古朴典雅,耸峙在高山流水之间,集古城翠色于一楼。黄永玉是凤凰古城一道依然绽放的风景,据说他回乡的时候,凤凰城就像过节一样热闹。他曾给自己的夫人写情诗:"我们相爱已经十万年。"黄老是凤凰古城有名的才子——能画,能诗,还能文!

那天,沿着沱江岸边的小巷,我们一直走到尽头,沈先生的墓就在这里。爬上几段石阶,看到了一块笔直的石碑,上面便是沈先生的表侄黄永玉的题词:"一个士兵要不战死沙场,便是回到故乡。"

当年,沈先生以一个士兵的身份离开故乡,后以一介文学大师的称号立足于北京,又以一个文物研究专家的身份取得了举世瞩目的成就,最后回到故土凤凰城。没有雕像,没有围栏,也没有坟墓,只是在听涛山下一块小小的长着杂草的土坪上,随意地立着一块未加雕饰的石头,先生就安睡在这里。墓碑上是沈老的夫人张兆和选定的沈先生的遗文《抽象的抒情》中的一句,"照我思索,能理解'我';照我思索,可以识'人'"。

站在简陋的墓地前,几个鲜花扎成的花环摆放在石头的下面,我们怀着无比虔诚的心情缅怀着这位文学大师。他的作品对人性美的追求和赞美越来越得到后人的认可,并会影响越来越多的文学爱好者。他本人对爱情的执着与坚守也给后人树起了一座学习的丰碑。他活得执着而简单,他的精神却永远活在我们的心间!

当我们就要离开这座美丽的小城时,挥手而别的不只是这青山绿水和富有独特风情的石板路与吊脚楼,更是挥别那方土地上坚韧、勤劳、纯朴的凤凰人。

湘西归来,我整理着自己所有的思绪,一幕幕诗画般的景致已永久地刻在我心坎上。我会时时翻阅,就像翻阅一部厚重的地域画卷——不光有美丽的景,还有深情的湘西人。

（发表于《当代散文》2010 年第 4 期）

写作小记

那年,随山东省散文学会去了湘西,除了与武陵散文学会进行了短暂的交流以外,更多的是去感受湘西的好山好水好风光了,玩得很过瘾。湘西之行虽然有点累,但对湘西的美景却没有丝毫淡忘,尤其是湘西武陵源,那些独特的山峰,那些天然的美景,实在难以忘记。

此文也是比较长的游记文章,写了自己一路的见闻和感受。凤凰城里古老的青石板、精致的吊脚楼、美丽的沱江,至今像一幅幅画卷埋在心里。本文采用移步换景法,人走景移,随着景点的变换,不断展现新的画面。把移步中或移步后所见到的景物具体地展现出来,让人看到湘西一幅幅绚丽多彩、内容丰富的生动画面。本文的另一特色是结合了湘西的名人,赋予文章以人文内涵,引人共鸣。

漫话商丘

　　商丘是商人、商品、商业的发源地,被海内外誉为"三商之源"。因华商始祖王亥开创了华夏商业贸易的先河,商朝开国帝王商汤灭夏后在商丘建都,又被誉为"华商之都"。来到"三商之源"的商丘,感觉它并不像想象中那么繁华,甚至街街巷巷还透出丝丝缕缕的沧桑。正是这种沉实的底蕴恰恰能体现出历史文化的丰厚,就像老式的雕花家具,越是陈年越显其格调的迥异。

　　商丘人最懂得这片土地的厚重,所以常常自豪地宣称:在我们商丘,要是经商,一定会发财;从政,一定能升官。不错,商丘的确是块风水宝地,从古至今。

　　这里最早可追溯到远古的燧人氏,是他在商丘这块土地上钻木取火,燃起中华文明的第一束火花,让商丘成为火的发祥地,使人类从此结束茹毛饮血的生活。这里的阏伯台是迄今世界上最早、最古老的天文台,当地有"登上阏伯台,好运自然来"之说。据说,当年潦倒失意的赵匡胤,途经商丘时踏上高高的阏伯台,沾了些仙气后便时来运转,先当了归德府节度使,后又成就了宋朝三百年江山。中国最早的酿酒大师杜康,在商丘酿出中国第一坛老酒,中国丰富的酒文化便从此兴起。奴隶宰相、药剂专家、烹饪鼻祖伊尹,在这方宝地诞生。中国最早的文字发明家仓颉,也在这里出生。先人的足迹遍布商丘,让这片并不辽阔的风水之地成为中华文明的发祥地之一。

　　至今,商丘还保留了很多完整的清代四合院;保存了中国最早、最大的芒砀山汉墓壁画和汉墓群;保存了最长、最完整的明清黄河故道大堤;这里有列北宋四大书院之首的应天书院,有秦末农民领袖陈胜的陵墓,有刘邦斩蛇起义创建汉室的纪念碑,有巾帼英雄花木兰故里,还有侯方域著书的壮悔堂和李香君住过的翡翠楼……星罗棋布的名胜古迹不仅让商丘人骄傲,也令来商丘的中外游人应接不暇。

　　查查史书,关于商,曾有这样的记载:"有玄鸟衔卵,过而坠之。五色甚好,帝喾之妃简狄与其妹娣竞相取之。简狄得而含之,误而吞腹。遂生契焉,契即殷商部落之始祖也。"这段玄鸟生商的最早记录不仅源于古典文献的传说,甲骨卜辞也有类似述说。甲骨文中,"商"字上像鸟冠,下像穴居,由此穴居的商人以玄鸟为图腾,并把商作为了自己的族名。于是,商丘的诞生便具有了某种更为特定的意义。

此次来商丘,首站就是商祖祠。在由三个变形的"商"字甲骨文组成的三商之门上,三只高大的玄鸟腾空而起,人们的视线仿佛已与历史接轨。"商祖圣地,三商之源"八个镏金大字镶嵌两侧,雄伟的气势让来这里的人更加感受到了几许神圣。进入门来,一条由十九个朝代货币组成的"富商大道"笔直地通向前方,由"商海桥"连接了富商大道与万商广场,两万多个真、草、隶、篆等各种书体组成的"商"字,让人们在拜祖的同时,又学到了中国的书法知识,欣赏到汉字演变的无穷魅力。

山东有一山一水一圣人,商丘则有一山一水一古城。这古城便是归德府,城内至今保存着很多完整的明清时代的四合院,成为中国著名的文化古城之一。

我们自古城的北门入内,攀上逼仄的台阶,立于古城墙的最高处,整个商丘古城尽收眼底。导游指着老城的模拟图形,给我们讲解归德府的来历和它的里外布局:古时的商丘城外圆内方,状如古铜钱币,取"天圆地方、外阳内阴"之意。城内是一户户优雅的四合院,一条条层次分明的大小街巷,城外是一片绿树掩映的护城湖,湖外是黄土筑成的护城大堤,绕湖转了整整一圈。从高处往下看,商丘古城这枚巨大的方孔钱币,紧紧贴在明镜似的湖泊上,呈八卦阵势,向四周辐射开来,使这方玲珑小城愈发别致、新奇。导游说,不要小看这座城池,在它下面还埋藏着多个古城遗址,这可是城摞城叠起的古迹。而且,这座古城里不仅走出了大批帝王将相,还涌现出了众多的政治家、军事家、思想家、文学家、艺术家和科学家,应该说这里是人才辈出的地方。特别是到了明清两代,更盛传"八大家、七大户"之说,历代的达官显贵、才子学士更是不计其数。明朝万历年间,甚至有"满朝文武半江西,小小归德四尚书"的说法。商丘这块风水之地自然成了养育人才的好地方。

走进古城,在古色古香的大街上徜徉,恍惚中仿佛看到了一幅明清时期经济、文化发展的恢宏画卷。有意思的是,这条古街上,虽然两侧是满目的青砖灰瓦、飞檐雕柱的仿古建筑,匆匆过往的却是穿着时髦的现代人。店里店外卖的全是现代玩具、时尚服饰和各色小吃。新旧文化的对比,让这里的景象更有了一番特别的意蕴。拐过一个巷口,就到了侯府,到了侯方域与李香君共同住过的壮悔堂。古朴精致的四合院里,立着一对才子佳人的蜡像,格外引人注目。

居"秦淮八艳"之首的李香君,身着艳丽的服饰端坐于古琴前,正弹奏着旷世情歌,旁侧便是白衣执折扇、凝目远方,"为文若不经思,下笔千言立就"的侯公子。一把桃花扇,写尽了多少人间痴情。来这里的人大都喜欢买一把桃花折扇,留用或送人。我也拾起一把,抚弄良久,又轻轻放下:这样的扇自己留用太单,送他人太重,自觉无缘。

商丘的一山便是芒砀山了,这里也是商丘的一块不可多得的风水宝地。上至帝王将相,下至黎民百姓,都以百年之后能埋葬于芒砀山为人生的最大圆满。这里的文物古迹几乎涵盖了中国历史演变的全过程:有孔子周游列国在此避雨、讲学时留下的夫子崖;有秦末农民起义领袖陈胜之墓;有三国名将张飞在此筑寨伐魏的张飞寨;有刘邦斩蛇起义创建汉室的纪念碑;有令人叹为观止的西汉梁王墓群。

在这里,我看到了梁王奢华的生活,陪葬品十分丰厚,出土文物极多。我们甚至在这些陵墓中看到了与今天的生活设施相接近的东西:下水道、防潮设施、地下冰柜,甚至还有壁橱。

与颇具规模的西汉梁王陵墓相比,陈胜的墓地则给人以凄凉之感。这个秦末伟大的农民起义领袖,与他的同伴吴广有着相同的悲惨结局,他们不是死在战场上,而是死在了部下手里。吴广被副将所杀,只为争他的职位;陈胜则被自己的车夫所杀,只为拿着他的脑袋去领悬赏。那具可怜的无头尸,还是一个重情义的手下将领偷偷地将其埋到这里。从商丘回归课堂,给学生讲《陈涉世家》时,将陈胜与吴广的悲剧讲给学生听,学生也唏嘘不已。

木兰替父从军的故事可谓是家喻户晓,但却很少有人知道木兰最后的命运竟也以悲剧收尾。此次来商丘,感触最多的也是在木兰祠内的所观所闻。木兰为国杀敌十多载,战功显赫又如何,最终还是一样受到最高统治者的逼婚,有夫不能嫁,最后自刎以保贞节。一曲《木兰心》,写出了巾帼英雄的凄凄悲歌。此后,我又将在汉墓中看到和听到的讲给学生们听,讲曹操当年如何培养专业的盗墓队伍,使学生们更真实、更全面地认识了曹操。

我来到商丘,既不为发财,也不想升官。我看到了它悠久的文化积淀,在那一块块厚实的墓碑和沧桑的砖瓦中,我了解了更多的历史文化知识。游走在它斑驳的印痕里,于清晰和模糊的符号间也找到了它原生态的真与善,悲与苦。

商丘,让我依然欲说还休。

(发表于《东方散文》2011年冬)

写作小记

对于商丘，我是怀有敬畏之心的，这里有太多的历史文化遗迹，正如同行的商丘文友所说："商丘的每一块古砖都记载着一段深刻的历史。"据说，商丘人没有不会做生意的，经商是老祖宗传给他们的本领，小孩子一出生骨子里就具备了这样的天分。商丘人聪明，有着做生意的头脑，而且"三商之源"的影响起着关键性作用。

像商丘这样的地方，用简短的文字是写不出什么东西来的，这是一个历史文化丰厚的地方，需要我们深入阅读当地的历史文化，感受它的厚重。

在写这篇文章时，我一直持谨慎的态度，单凭自己的一点认识是不敢写商丘的。所以，我尽可能地把记忆中最深刻的感受老老实实地描述出来，如果说只是依葫芦画瓢，那也应该有基本的葫芦模样。

游记就是这样，如果你的知识面不足以支撑你往深处写作，那就简简单单地写点真实的感受。写一写你眼睛看到的和耳朵听到的，抓住某个点或几个点来写即可。

我有个比较好的习惯，每到一个地方都会带着一个本子。临睡前，用这个本子记录下白天的经历。累的时候简单记，轻松的时候具体记。我比较注意听导游的讲解，有条件的话还会浏览一下介绍景点的书，有比较实用的史料当时就会买下来。这是了解当地文化与地方风情最好的途径，而且也比自己从网上看到的资料更具体、更实用。此文就是结合了多方面感受写出来的！

第五辑 艺凝心语

"爸爸牌"水饺

"爸爸牌"水饺诞生在我家几平米的厨房里,它的味道足以与排名十大水饺之首的"思念牌"水饺相媲美,即便是闻名海内外的"湾仔码头"水饺,和"爸爸牌"水饺比起来,也绝对没有"爸爸牌"水饺吃起来那样舒心暖胃。

老爸就是"爸爸牌"水饺的发明者,他发明这种水饺的起因很简单,一切都只缘于他最疼爱的女儿——我。一向挑食的我唯独对水饺不挑剔,尤其是对白菜肉的饺子情有独钟,哪怕上顿下顿连吃三天,也不会吃腻。只要热腾腾的饺子摆到饭桌上,我保准这顿吃上满满一盘儿,下顿还能吃上满满一盘儿,再下一顿还能吃上一盘儿。

"爸爸牌"水饺有自己的特点:它的发明者总是早早去超市,选一块半肥半瘦的新鲜五花肉(据说这样的肉包出来的水饺最香),洗净后放入冰箱冻上一小会儿,然后拿出来切成小小的肉丁,再放入我家的花瓷盆里,拌上酱油和各种佐料,让它静静地滋养一个上午或一个下午。

待老爸下班回来,公文包一放,一头钻进的地方就是厨房。一番"叮叮当当"后,白菜就剁好了,再一阵"骨碌骨碌"面板与擀面杖的合奏,接下来一个个元宝样的身着漂亮花边的饺子就摆满了盖垫。老爸包水饺,是从来不用老妈帮忙的,只有自己收拾不过来了,才让她到厨房打个下手儿。

又一阵锅碗铲子漏勺响,热腾腾的饺子就罩着一层袅袅的热气被端上客厅的饭桌。"吃饺子喽!"老爸冲我和老妈的房间大声喊着。每当这时,我就会在第一时间第一个跑到饭桌前,也会第一个迫不及待地吃起来。也不管水饺烫不烫,我就馋得赶紧用筷子夹起一个,边吹边往嘴里送,不等第一口咽下,便含糊不清地对一旁直盯着看我这副吃相的老爸哼唧:"好香……好香呀!"这时候,老爸满足的笑容准会爬满一脸。

在我看来,"爸爸牌"水饺除了拥有与普通饺子一样的原料外,它还加了一道很浓的佐料——亲情至爱,这是其他大众化批量生产的水饺所没有的。

我爱"爸爸牌"水饺,更爱老爸……

(发表于《中学时代》2013 年第 1 期)

【写作点评】

很多人都写父爱。朱自清是从父亲的背影体现父子深情,通过背影细节的刻画,让父爱尽现;吴冠中写父亲在姑爹的小小渔船里弯腰低头缝补他的被褥,令他难忘;龙应台写自己博士读完回台湾教书,父亲用运送饲料的小车送她到大学侧门的窄巷子,令她难忘;赵丽宏写自己出版新书,父亲撑着拐杖到书店远远地在人群后看她给读者签字,令她难忘……

写文章要找好角度,选好素材。这篇文章从爸爸包的水饺入手,写出了爸爸对女儿的至爱亲情。还把水饺命名为"爸爸牌",足见爸爸在女儿心中的分量。生活中处处有可写的素材,关键是你要留心、有心。水饺家家会包,但"爸爸牌"的,只有这一家。作者从选肉、拌馅、包好到煮熟——道来,可见她对爸爸包水饺的用心心知肚明,所以她观察细用情深,文笔自然也就显得生动了。

紫色的印痕

留在沙滩上的脚印,可以被风沙覆盖,却始终抹不去那个清晰的记忆;蝴蝶从花丛中翩然飞过,却带走了花朵的芳香。就像我喜欢紫色,记忆的宝典里总有或深或浅的紫色印记一样。

前几天我翻箱倒柜地找书,无意间找到了一本小学时的日记,随手把它翻开,映入眼帘的是一个个幼稚而不规整的字体。日记的篇幅都不长,但每一篇都记录着简单而丰富的内容。我一页一页地翻着、读着,那些被遗失了的记忆又逐渐浮现于眼前。读到好笑的地方,我禁不住心头一热,感动不已:六年的小学生活只道是快乐无痕,除了参加各种特长培训,应付枯燥的小升初考试,却没想到还发生过这么多有趣的故事。

书架上那本紫色的毕业留言册,我已经不敢轻易打开。里面承载了初中同学太多不舍的情谊,字迹是那样的熟悉,那些音容笑貌还在脑海中清晰地回放。初中三年,一千多个日日夜夜,就这样在不经意间从指缝里悄悄溜走,那些精彩的瞬间随之变成永远的过去。那三年,我们从陌生到相识,从相熟到相知,再到最后的拥抱别离,一切都是那么鲜活。回想三年的春来秋往,那些或成功、或失败、或自豪、或伤感的青葱岁月,都在苦辣酸甜中浸染着慢慢长大的少年梦。

那些个期中与期末焦急等待分数的日子,那些等待爸爸妈妈从家长会归来的忐忑的日子,至今让人回想起来仍心有余悸。特别是最后一个学期,一次又一次的模拟,一次又一次的竞争,一次又一次的彷徨,每一次的考前与考后,并不都是浪漫的紫色梦幻。这段艰涩的起飞路程,总在一惊一乍中揪着考生、家长和老师的心。尤其是家长的希望和老师的期待,像一对善意的绑架者,有意无意地绑走了少年们本该有的更多快乐的生活。

我并不想让这些紫色的印痕在青春的记忆里继续保持鲜亮的身份,尽管我知道这样的路还要继续走,而且要走很长,甚至走得更艰辛。在长满荆棘的路上,还可能出现一次次的摔跤,但在满目的星辉里,我会认真地走,认真地做。即使跌倒了,我也可以再站起来。做一颗无名的行星,在自己的轨道上舞动出最大的能量,温暖自己,温暖青春。

泰戈尔曾经说过:"天空不留下鸟的痕迹,但我已飞过。"是的,那些紫色的印痕成功也好,失败也罢,都会在短暂出现之后永久地隐藏。在不知不觉中,我们会将它们慢慢地淡忘,甚至不给它们抬头呼吸新鲜空气的机会。将来总有一天,当我们华丽的转身后,面对曾经走过的路、洒下的汗水、烙下的印记,心中必然会感慨万千。

(发表于《中学时代》2013 年第 10 期)

【写作点评】

　　写作要写自己印象最深的,选取刻骨铭心的回忆。一本紫色纪念册,留下了一个深刻的印记。以此为素材,回忆起小学和初中阶段难忘的人和事,并由此发出珍惜生命和青春的感叹。这样的选材很好。遗憾的是,如果能选几件难忘的事穿插进去,就会给人更加深刻的印象和更加具体的感受。

有一场青春叫高考

——我看电影《青春派》

  青春与高考,如一对金童玉女,明知都是人生里的一场绚丽烟火,人们还是希望在它绽放的时刻散发出耀眼的光芒。所以一年又一年,高考季总是那么疯狂地撩拨着世人的神经。

  "高考结束后,世界上只有两种人:一种是考上的,一种是没考上的。我应该属于哪种,我也不知道。"影片里的主人公在高考之后,一直这样默默地问着自己。这个问题也将是两年后的我所要面临的残酷现实。

  高考青春剧《青春派》在暑假火爆上映,热得和这个季节的高温一样。我跟同学去影院看了一遍觉得不过瘾,又陪父母在家看了一遍。看到最后,竟没了开始的心劲,而对高考的紧张系数却越来越膨胀。

  镜头回放:男主角居然在高三拍毕业照时,当着全班师生的面,大声地用泰戈尔的诗句向暗恋了三年的同学黄晶晶表白,由此收获了甜蜜的初恋。但这种甜蜜很快被闻讯赶来的母亲所破坏,黄晶晶在居然母亲的刺激下愤然离去。伤心的居然在夜里翻墙出去,想要去找心中的"女神"挽回自己的初恋,却不幸跌落摔伤了尾骨。失恋加受伤的他,不久后又收到了高考失利的消息。看着黄晶晶前往复旦的身影,他决心一定要复读,收获自己的学业,追逐自己的爱情。于是,他开始了又一段疯狂的高三历程。

  复读的这一年,他遇到了暗恋自己、为自己默默付出的女孩晓凡,遇到了"富二代"贾迪和可爱的"娘炮"男生李飞,遇到了"拼爹拼不过,又不肯拼自己"的齐明智,遇到了学习刻苦、希望通过高考改变命运的周强。几个情感丰富、各有特色的少年,在撒老师魔鬼一样的打磨下进行着漫长而艰苦的高考拼搏。

  日子再紧张也压不住青春的悸动:哥几个在教学楼下燃起心形蜡烛,精心导演"我爱你";一千多个台阶上写满了"小慈生日快乐";在庆祝全班模拟考一本率达到70%后,五个少年走进游戏厅恣意疯狂了一把;为了排解压力,洗漱间里五个舍友用冷水浇头,喊出"去他的托福""去他的清华""去他的一本""去他的高考"!

青春是疯狂的,也是青涩的,但一旦疯狂过头,留下的就不再只是青涩。当又一个高考年过去,"富二代"贾迪被父母送去了美国读大学;富有艺术细胞的"娘炮"李飞进了电影院校;而天天鬼混的齐明智毫无疑问地落榜,不得不继续复读的命运。奋斗一年的周强和居然都如愿以偿地考出了理想的分数,而居然在这一年收获的不仅是成绩,还有成熟的感情。深思之后,居然决定放弃复旦,不再去找黄晶晶,而是选择了与晓凡一起去读人大。

影片中,高考落榜后的居然在回校复读时,向学弟学妹们这样表达自己的感受:"初恋害人!"但他又说:"我不后悔,我落榜,恰恰证明了我对黄晶晶是真心的。"

其实,我很欣赏居然,这种真真切切的开心和疼痛不是所有人都能品尝到的。青春的居然疯狂了一把,活出了一个真实的自我,虽然换来的代价是复读一年。但那又如何?复读一年的经历,给居然带来了更多的收获。

谁的青春不带伤?谁的高考不难忘?当青春与高考相遇,我们的祖辈、父辈,还有眼下的我们,千回百转后,要么胜却人间无数,要么凝成心头永久的痼疾。

转眼间,我的高一生活就要这么过去了,高中仅剩两年。高三赶趟儿似的步伐已经越来越近,用不了多久,我的书桌两侧也会放置像电影中那样一摞摞的辅导资料,面积不大的课桌上也会铺满一张又一张的模拟试卷。

每当我经过学校高三的教学楼,仰视那栋不知承载了多少学子梦想与记忆的"高考楼",心中总是感慨万千。看着鸦雀无声的教室里学哥学姐奋笔疾书,全力诠释自己的青春梦想时,我内心深处总会被这样的场面所打动。曾几何时,墙上那葱茏旺盛的"爬山虎"成了高考的代名词,成了奋勇一战的象征。不久的将来,我也会坐在这栋"高考楼"里,也会像居然那样挥汗如雨,也会像学哥学姐们那样废寝忘食,为了心中的那份执着、那份信念,更为了心中的那幅蓝图,不分白天黑夜,不分课上课下地奋斗。

有人说没有高考的青春是不完美的青春。这话虽然有些绝对,但至少每一个经历过高考的人,都曾有过苦,有过笑,流过汗,亦流过泪。高考构成了青春最珍贵的章节。这,就是一种别样的青春,一种拥有高考历程的青春。

有一场青春叫高考,当高考也向我迎面走来,我只想说:

"2015,为我的青春、我的高考,加油!"

(发表于《中学时代》2014年第2期)

【写作点评】

　　这是一篇观后感。一场电影讲一段故事,里面有许多镜头、许多情节,怎么选取你印象最深的镜头和情节来展开议论,是观后感这类文章的基本写作要求。文章选取了三个情节,并结合自己的学习生活展开议论,写出了自己最真切的感受。最后她说:"有一场青春叫高考,当高考也向我迎面走来,我只想说:'2015,为我的青春、我的高考,加油!'"由此可见,作者看懂了这部电影,并有了自己的独特感受。

因为有梦

　　"雏鹰喊喊/在断崖边烂漫……翱翔之梦在万米之上召唤。"《因为梦》这首小诗告诉我,梦想是一种信念,更是一种前进的动力。

　　因为有梦,曹雪芹在贫病无医的窘迫中,"于悼红轩,批阅十载,增删五次",写出了"字字看来皆是血"的不朽著作《红楼梦》。

　　因为有梦,美国著名教授、宇宙科学家斯蒂芬·霍金没有在患上肌肉萎缩和卢伽雷氏症后颓废下去,而是依靠全身上下仅能活动的三根手指,不仅活过了医生曾预期的寿命年限,还创建了很多对于宇宙科学有重大意义的高深学说。

　　如果没有梦,居里夫人发现不了镭,牛顿不会发现万有引力,贝多芬成不了音乐家;如果没有梦,中国不会屹立在强国之林,也不会有载人飞船进入太空,更不会有"玉兔号"中国月亮车的成功发射……

　　这,就是梦想的力量。

　　著名武侠小说家古龙曾经说过:"梦想决不是梦,两者之间的差别通常都有一段值得人们深思的距离。"梦想与梦虽然只有一字之差,却代表了不同的含义。梦是永远的将来式,而梦想却是永恒的现在式。追寻梦想的每一天、每一分、每一秒都是缤纷多彩的,因为这些都是实现梦想的一部分。梦是遥远的,但它最喜欢"坚持"二字,在坚持的过程中,你会发现梦其实并不遥远,梦已变成梦想,再坚持一下,梦想就变成了我们看得见、摸得着的幸福和快乐。

　　犹记七八年前,途经一处朱漆大门的校园时,妈妈特意停下车子,意味深长地看了一眼进进出出的学生,指着校门口那几根鲜艳的红柱子,对后座上的我说:"看,这就是省实验中学,好好学习,将来咱也到这里读高中,这可是全省拔尖的学校啊。"我那时刚读小学三年级,对高中还没形成具体的概念,但那庄重典雅的学校大门,却深深地印在了我的脑海里。从此,只要经过这里,我就会停下来,怀着虔诚的心情注目一会儿,看到背着书包进出的学生,心里就充满了无限的钦佩之情。

于是,一个梦想在我心里逐渐形成,也在我妈有意无意的鞭策中慢慢成熟,我努力地向这个隐秘的彼岸前行,就像雏鹰在悬崖边做着起飞前的准备。一次,又一次,我起起落落。在中考前的二模中,因成绩意外滑落,我在填报志愿前犹豫了。老妈看在眼里,急在心里,利用一个周末,她把我带进省实验中学。一走进仰慕已久的校园,莫名的激动就溢满了我的心田。"啊,神圣的高中殿堂,我终于和你面对面了。"我默默地在心里念叨着。虽然是周末,校园里依然多的是抱书而读的勤奋者和挥汗如雨的体育特长生。一位老师热情地跟我们交流起来,他微笑着问我:"你喜欢这个学校吗?"我说喜欢。他又问:"那你愿意到这所学校来读书吗?"我说愿意。然后,他意味深长地说:"既然喜欢又愿意,为何不给自己创造一次机会?"我点点头,看到一边的妈妈正用鼓励、期待的眼神看着我。那一刻,我知道我应该怎么做了。

那天,走出省实验中学的大门时,我突然觉得,自己已经是这所名校的一员了!

如今的我已是省实验中学的高二学生,当梦想成真,新的挑战已经开始,新的梦想又一次在不远处向我招手,我已明显感到前进的路上越来越多的荆棘。好在我年轻,青春正张开热切的翅膀。我坚信,只要我不轻言放弃,梦想就会一个个地变成现实。

(发表于《中学时代》2014 年第 4 期)

【写作点评】

这是一篇关于梦想的散文,选材很丰富,既有名言名句,又有生动的事例。这些名言和事例紧紧围绕梦想展开,表现出形散而神不散的散文要旨。开篇引用一首小诗入题,接着以曹雪芹、霍金、居里夫人、牛顿的故事为例,说明梦想的力量。然后引用古龙的话,并结合自己的中考经历,一步步展开议论,使文章内容丰富饱满,同时也增强了说服力。可见,充分占有材料,并围绕中心精选材料,是写作成功的重要前提之一。

O镇，一场美丽的邂逅

下了火车，不等休息片刻，我便迫不及待地走上铺满青石板的街巷。这里是 L 市若干小镇中的一个，风景宜人的 O 镇并没有发展旅游业，许是怕破坏了原来的古朴幽静吧。O 镇是懂礼仪讲文明的，没有尾气和尘土，大大小小的街巷都没有过多车轮的碾压和嘶叫，偶尔经过一两辆小汽车，也是极慢极慢的，怕压疼了路面，划伤了它们的容颜。

O 镇的一切都是那么安静，安静得几近脱俗。

小镇、小巷、老街、老宅，清清爽爽，真好。

我在街巷里慢悠悠地行走，分不出东西南北，只有小巷两边"哗啦哗啦"像唱歌一样的水流声。眼前是古朴的传统建筑，脚下是悠悠的青石板路。我停下脚步，张开双臂，微闭双目，接受 O 镇阳光的洗礼。在这里，即便是正午，阳光也没有大城市里那么毒辣，有的只是温婉与轻柔。

一路上走走停停，停停走走，这般的惬意，像享受着一件奢侈品。此时此刻，我真想将这份静好据为己有，她很容易让人心生私念。

只是高贵的她，会选择跟我走吗？生于斯、长于斯的她，对于这个被称为"故乡"的地方，一定也有着不一样的情怀，怎肯轻易跟我这旅行者浪迹天涯？

想到此处，我不禁哑然失笑，既然不能独享心仪，许一个美好的约定也不失为一种小小浪漫。此时的 O 镇已被天边的夕阳染得金灿灿的，好不美丽。这种专属的美，若非亲眼所见，谁会相信它的耀眼夺目？我庆幸，庆幸恰恰遇到了这惊魂的一醉，想不到小镇的美丽也如窖藏的佳酿。

只是再不舍，我也终究要离去。

天已暮，月如初。月光下的 O 镇比早些时更多了几分妩媚。不远处，几个孩子在路灯下玩得分外开心，天真的稚语让 O 镇也活泼起来。但很快，他们的注意力就被清风中漫步的饭菜香气吸引而去。

小镇，霎时又安静了下来。

一如当初。

背靠杨柳，抽出竹笛，手指不自觉地在笛孔上轻抚。晚风拂柳，笛声悠扬。我的 O 镇，我要把这动听的笛音与你分享。

许久，一曲终毕。

"你……你喜欢吗?"忐忑使我声音颤抖，甚至有些语无伦次。

"嗯，喜欢，好听极了。以后还能吹给我听吗?"

这是心灵与心灵的对话，简单得不能再简单。我听见她温柔的声音，一如她温婉的性情，让我迷醉。

"好啊，我求之不得呢!"

我笑了，看见她也露出了会心的笑靥。于是，我们之间有了一个秘密。

可惜，天一亮我就要走了，我不属于这里。走前，我犹豫了很久，始终没能拿出相机与 O 镇合影。我知道，再好的相机都无法把 O 镇的风韵全部定格，若是这样，还不如只拥有回忆。

这是一场美丽的邂逅。

（发表于《中学时代》2014 年第 6 期）

【写作点评】

本文是一篇游记，游记也存在选材问题。作者来到小镇，最初的感觉是"静"，全文就以"静"为中心展开。开始说小镇很安静，连汽车也是慢慢行驶，安静得脱俗。后写晚上孩子玩闹，这是以动衬静。孩子回家吃饭，小镇霎时又安静了下来。然后写吹笛，笛响镇更幽。静中有动有声，正如古人诗句：蝉噪林逾静，鸟鸣山更幽。动静相衬使这篇散文更为传神。

这篇文章思维跳跃性较强，表面是游记写景，字里行间又流露出自己的某种思想，传递着由迷茫到清醒的青春信息。

学校又开家长会

"风在吼,妈在叫,爸爸在咆哮……"期中考试后,学校照例又安排了家长会。

难以置信的是,我竟也和别的同学一样惧怕开家长会了,这种恐惧是从何时开始的我已不记得了,反正心头多了一抹越来越浓的苦涩。自从进了这所省内顶尖的高中,往日里"好学生"的光环就一点一点地消失。那些赞美声去哪儿遛弯了?那些奖励被谁截走了?对此,我迷茫而痛苦,眼看着自己将要落入平凡学生的队伍之中,心有不甘,却又无可奈何。

夕阳西下,晚风乍起,外面的暑热已消散了不少,楼下的广场又开始热闹起来。小孩子们穿着漂亮的滑冰服,倒背着双手,在老师的指挥下一个接一个地沿着S形空隙愉快地滑行着;广场的另一边,一些奶奶和大妈们跳着欢快的广场舞。这是小孩子和老人们的世界,是属于小孩子和老人们的快乐。他们的快乐与我无关,我只是一个观望者,有时候连观望的时间都没有。

今天我坐在窗前,无心看书,也无心去管那堆积如山的作业。

老妈去开家长会了,老爸去上班了,家里只有我自己。

叹口气,轻轻拉上窗帘,外面的喧闹声依然清晰地飞进来,我索性关上窗子,把自己与热闹的世界彻底隔开。我努力把精力集中到书本上,却连一个字都看不进去,心里满是家长会上可能出现的画面。我们敬爱的老班一定会扯着胳膊抖着腿,当着家长的面,把班里的学生通通表扬个够,也批评个够,还会把我们这些退步的同学数落个够。

凝神,闭目,深呼吸,极力不再多想。

抬头,却看到了墙上挂的那两个大字——信仰,心中不由得微微一颤,这是我的信仰呀,是我用军绿色的马克笔写的,可这一会儿这两个字怎么就成了两只绿眼睛了呢?

回想起来,这是我升入高中第一次考试后的杰作。"军人有自己最忠诚的信仰,我也有自己坚定不移的信仰。"为了鼓励自己能在那次优异成绩的基础上再接再厉,我满怀信心地写下这两个大字,还特意选用了军绿色,以表坚定,然后将它贴于我书桌前的墙壁上。只是不曾想,才一个学期过去,这两个字对我来说就成了一种摆设。一次次成绩的滑落,让我失去了信仰。我的心开始颤抖,开始害怕,不知所措,泪水曾在无声无息的深夜里毫无节制地上涌,我问自己:"这成绩真的是我的吗?"

这时,开门声传来,是老妈回来了吧?我屏住呼吸,极力控制着不去听进门的脚步声。那声音由远而近,然后拐进了另一个房间。我的心得到暂时的解放——爸爸下班回来了。

眼睛回归书本,大脑依然一片空白。

"你妈给我打电话了,说你的成绩又下降了,老师还点了你的名!"老爸阴着脸从他的卧室里出来,没有雷霆怒火,却一个字比一个字沉重,以一种非正常的语气传递着极为不满的信息。

我打了个激灵:老妈还没回来,就把她不好的心情提前让老爸带了过来。我读出了问题的严重性,虽然我一直用行动抗拒着他们让我改变学习方法的建议,以为自己会扭转现状,而此时,我只能沉默,已无言以对。

开门声再次响起,我已不能用平静来掩饰惶恐。"溪云初起日沉阁,山雨欲来风满楼。"我眼前再次浮现出家长会之前,女学委和男班副在黑板上精心设计的那行醒目大字:"风在吼,妈在叫,爸爸在咆哮……"

(发表于《中学时代》2014 年第 9 期)

【写作点评】

这是一篇妙文。写学校又开家长会,却一笔也不写家长会,只写自己对家长会的心理反应。"风在吼,妈在叫,爸爸在咆哮……"从改编的《黄河大合唱》唱词开篇,先写了对家长会的惧怕,接着用窗外的孩子和老人的欢乐来反衬自己内心的忐忑,中间插叙了写下军绿色"信仰"二字的初衷以及"我"的越来越不自信,最后写了听闻家长会结束后的惶恐心理,以"风在吼,妈在叫,爸爸在咆哮……"结尾。环环相扣,从而真实地写出了"我"的内心活动。这种写法避免了平铺直叙,一波三折,引人入胜。

江南烟雨南浔情

打小生活在北方的我,心中对江南一直有着一份莫名的悸动,一种难舍的情结。

诗意的江南有着黛瓦白墙,微风细雨。无须涉水而行,只是踱步在轻烟长巷,就可以邂逅一份纯净的美好。正如那结着愁怨的丁香一般的姑娘,撑把油纸伞,在寂寥的雨巷赶赴那份爱恋。

不需约定的烟雨,就像今日一样一直伴我在南浔的古镇上,它,密如牛毛细如丝。踏雨而来,让我在不经意间便感受到了古城南浔别样的风情。

南浔,一个古老的小镇,一个充满了魅力文化的小镇,拥有浓郁的历史积淀和深厚的文化底蕴。王勃称赞滕王阁为"物宝天华,人杰地灵"之地,在我看来,古老的南浔自然也是可以担起这八个字的。走在见证了古镇700多年历史的青石板路上,心头暗暗羡慕着这些在古镇中打下家业、扎下根基的人儿。"小桥流水人家"在这里真真是得到了极好的诠释。都说江南的水养人,在江南,依水而居,该是多么幸福的一件事!

跟随着导游的步伐,我们在南浔的老街巷里伴着烟雨穿行。"江南第一巨宅"——张石铭旧宅,就这么呈现在眼前了。走进这处中西合璧的经典建筑之中,很难不让人想入非非。导游说,张石铭的旧宅过去叫懿德堂,是由清光绪年间诗人董说的旧宅改建而成,据说宅子耗时七年才竣工,是江南罕见的基本保持了明清历史旧貌的豪门巨宅之一,有五落四进和中西式楼房共150间。

那一进进的厅堂和院落,无一处不显示着这宅子主人富裕的家境,无论是那精致的后花园,还是那回廊曲折、楼层错落。但,最令人震撼的既不是深深的宅内庭院,也不是精美的石雕、木雕、奇石等珍贵的收藏品,而是那座巴洛克风格的豪华舞厅。地砖及油画均从法国进口,墙面屋顶由红色砖瓦砌成。从壁炉、玻璃刻花到克林斯铁柱等,均体现了欧洲18世纪的建筑风格。看着烟雨中的这栋安安静静的两层小楼,眼前不自觉地浮现出百年前专属于这里的热闹与开心。不语,心却多了一份向往。

不知不觉中,雨丝已将我那长长的裙摆打湿,却仍是没有要消停的迹象。恍惚间,我仿佛看到了那个雨巷中的姑娘,撑一把油纸伞,独自行走在那寂寥的雨巷中,惆怅着什么,不一会儿便转过了巷角,不见了踪影。我也彳亍着,撑把雨伞,恍惚中也爱上了这一剪流光的浪漫。朦胧的记忆被南浔古镇的悠悠古韵填满,黛瓦粉墙,还有那转角长廊的淡淡回风。永远不会忘记,在这个莲开的夏季,南浔的烟雨巷一如既往的古朴宁静,青石铺就的长巷,飘散着古城的淡淡烟火。

南浔之行,那场烟雨,那座古镇,那条临街的安静小河,那些临河的古旧而深情的老屋,以及那些零散的青春的感怀……都将深深印入我年轻的记忆。

南浔古镇,你一定会记得某年的某月,曾经有个北方的姑娘来约会你!

(发表于《华夏孝文化》2014 年 7 月第 3 期,《东方散文》2011 年冬)

【写作点评】

这篇游记,是以游踪为线索,按照时间顺序写出了所见所闻所感。材料组织得有序、自然。以对诗意江南的向往开笔,继而概括南浔历史文化,接下去详细写了游历过程,突出写张石铭旧宅。中间穿插了当地的历史文化,最后又以抒情的语言结束。选材有详有略,记叙与抒情相结合,文字简洁生动,充满诗意。

后 记

"写作是有瘾的,就跟有人喜欢抽烟,有人喜欢喝酒一样。如果两三天不写点文字,心里就会空落落的。"有位作家朋友谈到写作感受时,曾这样描述自己的心情。

我至今没有达到这种境界。只不过,这些年我断断续续写了点文章,零零散散的,得空了就往报刊上发一发,或者给学生们分享一下,时间一长,倒也积累了一些。

一次,与朋友小聚,年轻的文友说她特别喜欢我的文风——随心,亲切,超生活化。她还举了几篇印象较深的文章,让我说说写作过程。我痛快地满足了她的好奇心。事实上,每篇文章的写作都有它的前因后果,一定是被什么触动了,才会有写作的冲动。那天,我回家记录这次小聚的感受,忽然产生了一些想法:不如把发表过的文章筛选出一部分,附以简单的写作小记,对于初学写作的朋友和写作文找不到方向的学生,也许会有小小的启发。我把这一想法说给我身边的朋友,他们一致赞同。但种种原因,去年一直没有兑现,直到今年的八九月份才完全投入到书稿的整理中。所幸,经过两三个月的黑白加班,终于顺利完成书稿。

在成书的过程中,得到了许多朋友的帮助与支持。在此,特别感谢山东大学耿建华教授、《中学时代》杂志刘元锋主编及对此书进行精心编辑的编辑们,也特别感谢济南市教育教学研究院万福成老师于百忙中为此书作序。

此书虽然酝酿时间长,但准备时间短,其中定有不少不足之处,还望读者朋友们多多指正。读者若能从书中有点点获益,我编写这本书的目的就算达到了。

罗东勤

2015 年 11 月 25 日